CONTES & LÉGENDES

PAR A. CARLIER

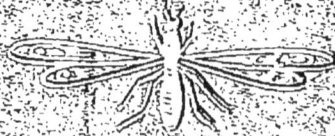

PARIS
LIBRAIRIE DU PETIT JOURNAL
1865

CONTES

ET

LÉGENDES

Par A. CARLIER.

C.

PARIS

LIBRAIRIE DU *PETIT JOURNAL*

21, Boulevard Montmartre.

1865

CONTES ET LÉGENDES.

COMMENT PÉRIT LE COUSIN DE MON ONCLE.

J'avais un oncle laboureur;
On le disait instruit dans son village,
Non qu'il connût son Horace par cœur.
   Néanmoins c'était un vrai sage,
Car il savait le secret d'être heureux.
   Il avait de l'argent de reste,
   Le corps dispos, la jambe leste,
Et, qui plus est, trois ou quatre neveux,
Vrais libertins qui tourmentaient sa vie,
Et dont pourtant il se glorifiait;
Bien souvent même il les justifiait.
C'était vraiment un oncle à faire envie.

Dieu l'aura mis au nombre des élus.

Combien de fois il acquitta nos dettes!

Tant d'autres faits dont on ne parle plus,

Et dont mes chants, un jour, se feront interprètes,

L'avaient rendu cher à mon tendre cœur.

On l'appelait le bienfaiteur.

Une larme toujours humecte ma paupière

Lorsque je songe à cet homme de bien.

Il était né rieur, et souvent, pour un rien,

Oui, pour un rien il plaisantait de Pierre,

Puis de Jean, puis de Gille, et jamais n'offensait

Qui que ce fût. Cependant il avait

Un sien cousin d'une avarice extrême

Que bien fort il grondait souvent.

« A quoi bon, disait-il, amasser tant d'argent?

Demain, aujourd'hui même,

La mort peut vous surprendre, et vous aurez vécu

Sans jouir un seul jour, et soyez convaincu

Que, de l'argent que l'on amasse,

Le diable achète des forêts

Dont il fait un grand feu qui ne s'éteint jamais

Pour y brûler l'avare et sa besace.

Témoin le bisaïeul de votre ami Frigos :

Satan pour lui fit des fagots

Deux siècles dans la forêt noire.

C'est un fait certain qu'il faut croire.

L'abbé Guillot vous le dira

Ainsi que le bûcheron Blaïse,

Tous deux l'ont vu passant par là,

En veste à la Caracalla,

Le nez rouge comme la braise.

Vos vergers serviront pour vous. »

Le cousin n'avait pas tout l'esprit de ce monde.

Il se sentit frappé d'une terreur profonde :

Chaque nuit il rêvait que Satan en courroux

Dévastait ses vergers à grands coups de cognée.

Lui, la face de pleurs baignée,

Un matin prit sa hache et courut furieux

Abattre ses noyers immenses,

Puis en fit un bûcher qui rougit tous les cieux.

Il croyait de Satan tromper les espérances ;

Mais le feu gagna sa maison ;

Il voulut sauver sa cassette,

Il y périt.

La maxime a raison,

Contre les gens avares il n'est point de recette,

Et leur plus commun dénoûment

Est qu'ils périssent tristement.

LE VIN DE PURGATOIRE.

Un vieil époux moins heureux que Mausole,
Avait perdu sa femme. Il ne la pleurait point.
Que la peste s'en aille et tôt on s'en console.
Notre veuf aurait pu disserter sur ce point,
Tant il avait souffert des écarts de sa dame.
Pour moi je l'en absous. Je soutiens que des maux
   Dont ici-bas on menace notre âme,
     L'enfer et ses brûlants carreaux,
   Aucun n'égale une moitié perfide
  Qui près de nous se pose en Alecton.
    Que l'épousa-t-il? dira-t-on ;
    Que ne prit-il Adélaïde
Au lieu de Suzannette? il eût eu d'heureux jours :
   Elle n'eût point été jalouse.
  Qu'en savez-vous? sait-on qui l'on épouse?
Le cœur raisonne-t-il? bien fous sont les amours ;
Et cent autres propos. Venons à notre histoire.
   Notre homme a bon droit soupçonnait
    La belle en purgatoire.
   Tandis que seul il raisonnnait,
   Passe le curé qui l'appelle.
   « Voici, dit-il, un an demain
   Que Suzanne a pris le chemin
   Que nous prendrons bientôt comme elle.
   Nous ne mourrons point innocents.
   Faisons-lui le don d'une messe :

D'autant que la belle à confesse
Ne vint qu'une fois en dix ans. »
Le manant, au fond très-bon homme,
Consent à payer telle somme,
Moyennant quoi Suzanne aura
Douze *pater*, un *libera*,
Qui chez Satan feront merveilles.
Lors le curé : « J'ai, dit-il, trois bouteilles
D'un vin vieux bon à s'en lécher les doigts ;
Allons les boire toutes trois. »
Et les voilà vidant leur verre.
A chaque coup notre homme s'écriait :
« Grand Dieu ! fut-il jamais sur terre
De consolateur plus parfait ?
Je voudrais mourir pour en boire,
Si les saints en font leurs repas.
Comment le nomme-t-on ? — Le vin de purgatoire.
— Vrai Dieu ! monsieur, ne chantez pas ;
Vos soins sont doux, mais je proteste.
Ma femme est bien là ; qu'elle y reste. »

LES DEUX FRÈRES JEAN.

Ma grand'mère était une femme,
Une femme du bon vieux temps,
Beaucoup de sens avec un cœur de flamme
Bien gaie, et qui dansait encore à soixante ans.
Souvent, quand la pluie ou la neige
Nous retenait à la maison,
Elle entonnait une chanson
Ou contait une histoire, un conte ; enfin que sais-je ?
Elle voulai que nous fussions contents.
Je n'aime point les pleurs, surtout ceux des enfants,
Ils sont injustes, disait-elle.
Bien d'autres plus que vous ont droit à la pitié.
C'est leur en prendre la moitié
Que l'exciter en nous pour une bagatelle.
Le cœur durcit à voir couler des pleurs.
Tous nos jours ne sont pas de fleurs ;
Donc que nos larmes soient sincères,
Nous serons cru quand viendront les douleurs.

Il était autrefois deux frères
Qu'on nommait Jean tous deux.
L'un pleurait quoiqu'il fût heureux,
L'autre faisait tout le contraire.
Il leur advint en même temps
Des maux que l'on ne saurait taire.
L'un s'écriait : Il m'est mort deux enfants,

La faim les a tués; l'autre : Ma femme expire,
    La grêle a détruit mes moissons.
    A ce dernier chacun de dire :
          Chansons.
Mais de son frère on disait : Le pauvre homme !
    L'hiver on manqua de travaux.
    Sans doute il souffre de grands maux.

    Il reçut mainte somme.
    L'autre que nul ne secourut
          Mourut.

LE VIEILLARD.

Venez : tous deux assis sur le bord du rivage,
Je vous entretiendrai de mes ans disparus.
J'ai vécu près d'un siècle et dans plus d'un naufrage,
Avec mes cheveux blancs mes maux se sont accrus.
Je fus tribun aux jours d'un passé qui s'écroule.
La sagesse est boîteuse et ne vient qu'à pas lents ;
Souvent sa voix se perd dans les cris de la foule.
Je puis vous enseigner à conjurer les vents.
Devant vous va s'ouvrir une carrière immense.
Sans jamais regarder quelle est la récompense,
Laboureur, que vos champs soient couverts de moissons :
Caton souffrit la mort pour prix de ses leçons.
Mais le sage aisément des revers se console ;
Et tel s'est vu placer au rang des immortels,
Tel du peuple vingt ans s'est pu dire l'idole,
Qui fut sali de boue au pied de ses autels.
Les grandeurs ne sont point ce qu'elles semblent être
Que de soucis cachés sous la pourpre du maître !
Les rides sur son front ont gravé ses ennuis.
Qui peut de l'avenir percer les sombres nuits ?
La fortune est perfide.
                    Un jour que loin d'Athènes
  Notre vaisseau fendait les flots amers,
Neptune avait pour nous calmé le sein des mers
    Et des autans retenu les haleines.
Quand soudain l'horizon se couvre de vapeur :

L'onde, les cieux sont pleins de présages funèbres,
Et la nuit, sur nos fronts étendant ses ténèbres,
   Des matelots augmente la terreur.
   Seul, sur le pont, j'anime leur courage.
Nous luttons, mais en vain. Aux flots capricieux
Évitant néanmoins de heurter le rivage,
Nous nous abandonnons. Bientôt sous d'autres cieux
Nous abordons un port à l'abri des tempêtes.
Si, lorsque l'ouragan s'abattait sur nos têtes,
J'eusse lutté longtemps, nos débris dispersés
Auraient redit aux mers nos efforts insensés.

   Je dis : les vagues sont les hommes.
Malheur donc à celui, dans le temps où nous sommes,
Qui, se trompant soi-même, opposerait des fers
Aux flots toujours croissants de l'esprit qui gravite ;
Il connaîtrait des maux inconnus aux enfers.
Il est des changements que nul pouvoir n'évite.

LE MARI, LA FEMME ET LES DIAMANTS.

Tel veut tromper qui fut trompé soi-même.
J'en veux citer un trait des plus divertissants;
Je l'entendis hier conter par des passants.
    Il s'agit d'un bon stratagème
Qu'un époux ruiné par la table et le jeu
    Crut inventer pour acquitter ses dettes.
Je le tiens pour certain, mais non des plus honnêtes.
    Ses créanciers criaient partout au feu.
Que fait-il? il saisit les joyaux de sa dame,
Court chez son joaillier. « Ah! monsieur, sauvez-moi.
    Je viens chez vous le cœur glacé d'effroi :
    Depuis huit jours la prison me réclame.
      Imitez ces beaux diamants,
    Puis vendez-les; surtout faites silence.
    Je n'ai besoin que de vingt mille francs.
    Soyez certain de ma reconnaissance;
La mort seule...—Eh! monsieur, je voudrais vous sauver,
    Mais déjà, pour la même cause,
    Votre moitié me fit faire la chose :
Ces diamants sont faux. » L'époux croyait rêver.
    Le plus adroit trompa le moins habile.

Puisse un jour à quelqu'un la leçon être utile.

LA VIEILLE MARTHE.

Marthe était une vieille femme
Dont les récits amusaient le hameau ;
C'était vraiment une bonne âme,
Qui, lorsque le temps était beau,
Chantait, chantait comme l'oiseau,
Et qui, lorsque venait septembre,
S'en allait le long des chemins,
Ramasser les pommes des pins,
Dont en hiver elle chauffait sa chambre,
Toujours ouverte aux pauvres gens.
« Bientôt reviendra le printemps,
Leur disait-elle, et l'alouette aux champs
Du bon Dieu dira les merveilles ;
Il fait moins froid, encore un jour de plus ;
Les vapeurs au couchant sont déjà plus merveilles ;
On voit moins courir les corneilles,
Jean sans pleurer est sorti les pieds nus.
Les déshérités de ce monde
Sont les oiseaux dont Dieu prend soin,
Ayons donc une foi profonde,
Il ne livrera pas ses enfants au besoin, »
En l'écoutant revenait l'espérance ;
On souffrait sans murmure et l'hiver se passait.
Tout était oublié quand la fleur renaissait,
Et Marthe chantait l'abondance.
Un jour je la vis dans les bois

Qui mangeait d'un pain noir.« Les temps sont difficiles,
Le ciel se fond en eau ; les champs sont infertiles,
Marthe ; nous souffrirons encor plus qu'autrefois.
    Dis-je, Dieu nous garde ! » Mais elle :
« La dame du château, si puissante et si belle,
Est morte ce matin ; sa famille est en deuil.
Peut-être en bois d'ébène on fera son cercueil,
    En marbre blanc on construira sa tombe. »
    Marthe a raison : tout ici-bas succombe,
    Pensais-je alors, pourquoi nous affliger ?

Si Dieu fait pour les uns le fardeau si léger
    Aux autres il donne le courage.
Qu'on doit aimer le port après un long orage !

MARTIN ET DIEU.

Je fus hier chez mon ami Martin
A déjeuner, de grand matin ;
Nous devions aller à la chasse.
Il reçut d'un correspondant
Je ne sais quelle paperasse,
Qui, m'assura-t-il, valait... tant,
J'ai depuis oublié la somme ;
C'était un chiffre fabuleux.
A peine lu, voilà mon homme
Qui par un discours nébuleux
Fait l'éloge de son génie.
« Grâce à Dieu, dis-je. — Oh ! non point, grâce à moi,
Me répond-il ; à moi seul, par ma foi,
Je dois tout à mon industrie. »
Je me tus. Un moment plus tard,
Martin apprend que son plus beau navire
Sur les côtes de Malabar,
Avait péri corps et bien. Lui de dire
Que Dieu l'affligeait trop vraiment,
Que de ceci lui seul était la cause.
Moi de m'esquiver promptement,
Surpris de quoi le monde se compose.

Voilà comment nous sommes tous,
O mortels trop ingrats, disais-je ;
Les fleurs et les fruits sont de nous.
Mais de Dieu seul nous vient la neige.

COLIN ET SON ANE.

Colin, enfourché sur son âne,
S'en allait célébrant la fête à dame Jeanne,
    La bouteille à la main ;
On eût dit un César en triomphe romain.
    Quand tout à coup l'âne s'arrête.
Et le manant de frapper sur la bête.
    « Hue ! criait-il, ou ventrebleu !
    Dame Jeanne verra beau jeu.
Je lui veux de ta peau faire un manteau de reine.
La belle en rira bien, elle qui m'a conté
    Ce que Peau-d'Ane et sa marraine
Ont fait de ton cousin, le baudet enchanté. »
    Cela dit, il met pied à terre,
Agite le licou ; l'âne se met à braire ;
    Et le bonhomme, au nom de ses amou)
A la bête aussitôt adresse un long discours,
    Bien mieux, ma foi, que docteur en Sorbonne :
Cicéron aux Romains n'aurait pas parlé mieux.
    Encor que la leçon fût bonne,
L'âne n'obéit point : sans doute il était vieux.
        Plus l'un tirait la bride,
        Plus l'autre reculait.
Colin, las de vouloir en vain ce qu'il voulait,
    Vous tourne l'animal perfide,

Le tire par la queue, et soudain le voilà
  Qui court à travers la prairie.

  Quand femme souvent contrarie,
  Usez de ce remède-là.

L'ÉCOLIER ET LA FÉE.

Il fut autrefois une fée
Moins grande que mes petits doigts ;
Je la vis : elle était coiffée
De la fleur du mouron qui naît au fond des bois ;
Sa robe était d'azur, de pourpre et de topaze.
Dix zéphyrs la suivaient en dansant sur ses pas,
Et d'autres que je ne vis pas,
Secouaient des parfums sur ses ailes de gaze.
Elle était fille du soleil.
Un matin, quittant sa demeure,
C'était, je crois, bien avant l'heure
Où paraît l'aube à l'horizon vermeil,
Elle perdit sa route à travers les prairies.
En vain les papillons la demandaient aux fleurs,
Les nymphes aux buissons, les abeilles aux pleurs
Que l'aurore répand sur les roses fleuries ;
Nul ne la connaissait. Déjà du haut des cieux
La nuit à pas pressés descendait dans les plaines
Tout s'endormait silencieux
Au doux murmure des fontaines,
Lorsqu'un ver-luisant vint offrir
De la guider jusqu'au prochain village.
« Ma lampe est bonne et nous pourra servir,
Dit-il ; tous deux traversons ce bocage ;
Je sais là-bas un chaume hospitalier. »
La fée accepte, et bientôt on arrive

A la porte d'un écolier.

On heurte; il ouvre. « Il est sur cette rive,
Dit-il en les voyant, plus d'un riche seigneur
Qui de vous recevoir se serait fait honneur.
Mais puisque le destin vous amène à ma porte.
Entrez; du peu que j'ai' nous souperons tous trois. »
     Il dit, et sitôt il apporte
     Du lait, quelques fruits et, je crois,
   Un peu de vin, reste d'un jour de fête.
Le repas terminé, sur des lits de pavots
     Tous trois vont prendre du repos.
   La fée avait près d'elle sa baguette,
Présent qu'elle tenait de l'un de ses aïeux.
A peine ils sommeillaient qu'un bruit harmonieux,
Bien plus doux que les sons lointains d'une musette,
Remplit l'appartement où s'étaient endormis
                Nos amis.
     C'était les songes que Morphée
     Accorde aux hommes vertueux.
     Ce dieu, cousin de notre fée,
Les avait envoyés plus beaux et plus nombreux.
Notre écolier rêvait que, rempli de sagesse,
     Il étonnait toute la Grèce,
Rome et Jérusalem, et que près de Zénon
     Il commentait la loi divine.   [nom,
Point de trésor : des fleurs, puis des fleurs, un grand
     Son chaume au pied d'une colline
   Où dans la paix s'éteignaient ses vieux jours.
Nul pour lui n'écrivait vingt oraisons funèbres.
Cependant le soleil, effaçant les ténèbres,

De la nuit dans les bois précipite le cours.
    La fée appelle, et sitôt des phalanges
De légers papillons, et qui semblaient avoir
    Dérobé les ailes des anges,
Accourent à sa voix. Grand était son pouvoir.
L'écolier vint aussi. « Tu seras, lui dit-elle,
    Ce que les songes t'ont fait voir ;
Mon père ainsi le veut. Sa sagesse immortelle
    Inspire l'homme hospitalier.
Adieu donc. » Et soufflant au front de l'écolier,
    Elle reprit sa route inachevée
    Qu'un zéphyr avait retrouvée.

INVOCATION.

Muse, redis un chant de ma patrie
    Où, pauvre je voudrais mourir ;
Rends l'espérance à mon âme attendrie
    De la revoir dans l'avenir ;
Aux cieux pour moi fais briller une étoile,
    J'oublierai tous mes mauvais jours ;
Qu'à tes accents la brise enfle la voile
    Qui doit me rendre à mes amours.

De mes amis j'ai chanté l'allégresse.
    Ma voix manque à leurs cris joyeux.
J'ai tant de fois vidé dans mon ivresse
    La coupe où s'abreuvaient nos dieux.
Ah ! que longtemps leur luth chargé de lière
    Chante l'amour dans leurs festins ;
Le verre en main jusqu'à l'heure dernière
    Qu'ils prolongent d'heureux destins.

Gais compagnons, au sortir de l'école,
    Quels cris nous poussions dans les airs !
Nous possédions tout l'or que le Pactole
    Dans ses flots roule au sein des mers ;
Ou dans les champs, quand revenait l'automne,
    Nous ramassions les blés jaunis.
Ah ! que pour eux l'abeille encor moissonne
    Autour de leurs foyers bénis !

Où donc est-il? demande-t-on sans cesse;
   Pourquoi vit-il sous d'autres cieux?
Quoi! loin de nous veut-il que la vieillesse
   Lentement lui ferme les yeux?
Non, mes amis, je suis à mon aurore,
   Je chante, et plus forte est ma voix,
Et près de vous je puis longtemps encore
   Eveiller l'écho de nos bois.

Je vis hier échoué sur la plage
   Un trois-mâts, les flancs entr'ouverts.
Ai-je pâli lorsque grondait l'orage
   Qui soulevait les flots amers?
Si, près du port, les vents avec furie
   Déchiraient ma voile en lambeaux;
Je m'écrierais : j'ai revu ma patrie,
   O mer, je ne crains plus tes flots.

MONSIEUR UN TEL.

—Connaissez-vous monsieur un Tel?
  On dit en tous lieux qu'il prospère,
Qu'il a beaucoup d'esprit. C'est un talent réel
Et chacun lui prédit le renom qu'il espère.
—Je l'ai connu longtemps, il fut de mes amis
Nous nous sommes brouillés, et je m'en félicite.
C'est un fat importun qui se croit du mérite,
Un sot toujours contraire aux usages admis.
        — Il vit en philosophe;
Et grondant les abus, fait-il pas son devoir?
        — Contre nos mœurs sa bile en vain s'échauffe.
N'a-t-il pas à la cour acquis quelque pouvoir?
—Certes! par ses travaux.—Oh! dites par l'intrigue.
        — Mais il obtient tous les emplois qu'il brigue.
    Le roi, dit-on, le voit d'un très-bon œil.
—C'est un fourbe, vous dis-je, un intrigant insigne,
Qui sous un air bénin cache un puissant orgueil.
 —Chacun de tant d'honneur cependant le croit digne.
—Cet homme est de néant, né d'hier et sans nom;
Il nourrit en secret quelque projet sinistre.
— Aujourd'hui notre roi crée un nouveau ministre.
    Savez-vous qui le sera? — Non.

  En même temps une clameur immense
    Saluait ministre de France
Monsieur un Tel que nous vîmes passer.
  Notre homme courut l'embrasser.

PIERRE ET JEAN.

Sur le penchant des Pyrénées
Qui regarde vers l'Occident,
Pierre et Jean passaient leurs années
A s'enivrer. Beaucoup en font autant.
C'était tout auprès de l'église,
A l'enseigne du *Thyrse d'or*.
Souvent d'une voix de Stentor
Ils entonnaient un couplet fait pour Lise.
Le prêtre qui les entendait,
Quand il était seul en grondait.
Jadis on disait en Bourgogne :
« Perd son temps qui prêche un ivrogne
Lorsqu'il a bu d'un vin trop capiteux. »
Il le savait. Quoique plein d'indulgence,
Il crut devoir rompre enfin le silence,
Et dénoncer ce désordre honteux.
D'un ton de voix fort attendrie
Il peignit d'abord tous les maux
D'un suppôt de l'ivrognerie.
Puis se tournant vers des tombeaux :
« ... Et sa jeunesse étant flétrie,
Il tombe, il meurt avant le temps
A peine a-t-il vécu trente ans
Que l'éternité le dévore.
Que de printemps il eût pu voir encore! »

Jean dit alors à certain paysan,
Comme il passait auprès du cimetière :
  « Voici le chemin que suit Pierre. »
Pierre : « Voici le chemin que suit Jean. »

LES DEUX AMIS.

(A MON AMI AMÉDÉE DOUAY.)

Dieu garde l'amitié qui toujours nous lia.

Si quelqu'un tourmenté des fureurs de l'envie,
Jaloux d'un sentiment qui charme notre vie,
M'accusant te disait : Il vous calomnia,
Ami, le croirais-tu ? L'envie est une infâme,
Elle assume parfois les dehors d'une femme,
Le nom de protecteur ou le titre d'ami,
Et n'accabla jamais sa victime à demi ;
Même elle corrompit les âmes les plus belles.
Ses discours sont menteurs autant qu'ils sont méchants ;
Elle a souvent créé des haines éternelles
Entre deux cœurs liés par de nobles penchants ;
Plus on se crut trahi, plus grande fut la haine,
Elle sait des ressorts que tu croirais à peine.

Deux jeunes gens s'aimaient comme on s'aime à vingt
   Quelqu'un, jaloux d'une amitié si tendre,   [ans.
Vint conter à l'un d'eux qu'un soir chez des parents
     Un vieillard avait fait entendre
     Que bientôt se célébrerait
Sans bruit, loin de la France, un certain mariage
     Que jusqu'à ce temps on tairait,
     De peur qu'un certain personnage
     Qu'il peignait sans dire le nom,
     Ne troublât la cérémonie ;

Que quelqu'un d'indiscret devant la compagnie
    Avait crié : « C'est de Vernon.
    La baronne de Roche-Brune
    Épouse monsieur de Valmi
    Qui de Vernon se dit l'ami.
    C'est une ruse fort commune,
    Mais qui réussira toujours ;
On peut, sans déshonneur, s'enlever ses amours. »
Resté seul, de Vernon songeait à la vengeance,
Quand de Valmi parut. « Ami, je pars demain,
    Avant de m'éloigner de France,
    J'ai voulu te serrer la main.
    Le roi m'envoie en ambassade
Chez le sombre Écossais. Quelques mois suffiront.
Mais d'où vient la pâleur qui te couvre le front?
    Tu frémis ; serais-tu malade?
    Je cours chercher mon médecin. »
De Vernon crut alors voir un nouvel outrage ;
La colère en son sein grondait comme un orage;
Il saisit un poignard et devint assassin.
    A peine il achevait ce crime
    Qu'il sut l'affreuse vérité,
    Prenant son glaive ensanglanté,
Il se frappa le cœur auprès de sa victime.

LE VIEILLARD ET LE MAUVAIS FILS.

« J'ai vécu par de là cent ans ;
A peine quelques cheveux blancs
Couvrent ma tête qui s'incline ;
Mes yeux se sont éteints ; je ne dors plus la nuit ;
Vers la tombe je m'achemine,
Bénissant l'heure qui s'enfuit.
Le soleil a perdu ses feux dont ma jeunesse
Aspirait les rayons brûlants ;
Un bâton soutient ma vieillesse ;
Même lorsque ton bras guide mes pas tremblants,
Il me faudrait un an pour traverser la plaine.
Et tu veux me chasser, ingrat, de ce domaine.
Ces biens étaient à moi, je te les ai donnés ;
C'est sous ce toit que mes aïeux sont nés
Et j'y voulais mourir. Attends un jour, une heure :
Dieu m'ouvrira bientôt l'éternelle demeure ;
Nul ne pourra te reprocher ma mort ;
— J'ai fait bâtir un chaume au fond de la vallée :
Mes gens t'y porteront ; car demain, loin du port,
Aux flots de l'Océan livrant ma destinée,
Je cours chercher sous d'autres cieux
Des biens et le bonheur qu'en vain ici j'espère.
J'ai vendu ce domaine : il le fallait, mon père.
— Avec un mot d'exil tu me fais tes adieux.
Pars ; la voile a frémi, l'équipage s'assemble.
Puisse Dieu t'épargner un fils qui te ressemble. »

Il partit en effet. Le lendemain les flots
   Rejetaient au rivage
Les débris dispersés d'un vaisseau que l'orage
Avait brisé la nuit, et quelques matelots
   M'ont dit avoir vu sur le sable
Le vieillard qui pleurait ce fils abominable.

LE MOURANT ET L'ANGE.

— Il est donc vrai, je dois mourir bientôt.
Le médecin sans répondre un seul mot
Branla la tête et quitta la demeure.
— Pensons à Dieu puisqu'il faut que je meure.
Qu'ai-je donc fait, grand Dieu, de tous mes ans?
Et quels bienfaits ont signalé ma vie?
L'ambition corrompit mes penchants,
Mon cœur durcit, tourmenté par l'envie.
Contre tous ceux que ma main dépouillait
Je combattis de ruse et d'artifice,
Et si mon âme, aux remords s'éveillait,
Je te niais pour nier ta justice.
Oui, j'ai tout fait, grand Dieu, pour acquérir
De la puissance et des biens éphémères.
Tu m'abreuvas de délices amères.
Je fus puissant, riche, et je vais mourir.
Mais on m'a dit que ta puissance est grande;
Le repentir efface le passé;
Je me repens, j'obéirai, commande.
Hélas, Seigneur, je t'ai bien offensé.
Mais souviens-toi de la nature humaine,
Que je voulus le bonheur de mes fils,
Plus que le mien, dans tout ce que je fis;
Et que le siècle où je vécus à peine
Avec respect prononça ton saint nom.
Je veux laisser au monde un bon exemple

Mes héritiers te bâtiront un temple
De mille écus au pauvre je fais don.
Un ange vint. « Ami, la mort est proche,
Au repentir j'épargne le reproche.
Mais tu l'as dit, tu vécus de larcins ;
Ton avarice opprima l'innocence ;
Et quel bienfait jeté dans la balance
Fera pour toi pencher l'un des bassins ?
Dieu de son trône entendit ta prière
Prouve-lui donc que ton cœur est sincère,
A ce prix seul il pardonne aux humains.
Ton âme encore est placée en tes mains.
Un orphelin à ta porte mendie.
Te souvient-il qu'un jour ta perfidie
Le dépouilla du bien de ses aïeux ?
Rends-les lui tous et je t'emmène aux cieux.
— Je souffre moins ; puis-je pas encor vivre ?
Suis-je si vieux ? Pourquoi tant se hâter,
Son père et lui m'osèrent insulter,
Selon la loi je devais les poursuivre.
Assurément je ne les aimais pas ;
N'étaient-ils point sans cesse sur mes pas ?
Ils m'épiaient, j'ai tremblé pour ma vie.
Du châtiment la faute fut suivie.
Je fus sévère un peu trop, j'en conviens.
Qu'après ma mort il reprenne ses biens,
Si Dieu le veut ; sa volonté soit faite.
— Homme hypocrite ! il n'est donc que trop vrai,
Au ciel sans toi je m'en retournerai,
Tremble : déjà la mort est sur ta tête.

Tes dons pour Dieu sont des dons superflus ;
Tous tes trésors ne t'appartiennent plus.
Car tout mortel descend nu dans la tombe.
— Je souffre moins. Pourquoi tant se hâter ?
La vie encor ne va point me quitter. »
Parlant ainsi, le réprouvé succombe.

MON MAUVAIS VOISIN.

J'avais ensemencé mes champs.
Avec quelque labeur, grâce à la Providence,
  Je connais, depuis quarante ans,
  La paix du cœur et l'abondance.
Avis aux gens oisifs qui se croient malheureux.
Huit grands jours de repos me rendent langoureux.
  J'avais donc fini mes semailles;
  Quand mon voisin de tout là-bas
  Vint me dire : « A nos fiançailles
  Pourquoi ne consentez-vous pas?
  Mes vignes couvrent la montagne,
  Mes bœufs errent dans la campagne;
Votre ferme et vos champs, que j'achetai jadis,
  Tout sera pour vos petits-fils.
  — J'en parlerai, dis-je, à ma nlle.
Revenez dans huit jours. » Or il était méchant,
Et je ne voulais point qu'il fût de ma amille.
Puis il était si vieux. Blondette encore enfant,
Car à peine elle entrait dans sa quinzième année,
  Pleurait quand je parlais de lui.
Pouvais-je à de tels soins livrer sa destinée?
Je l'eusse regretté même encore aujourd'hui.
Il vint huit jours après me demander réponse.
J'avouai que Blondette eût mieux aimé mourir
Que d'être à lui jamais. « Eh bien donc, j'y renonce,
Nous n'en parlerons plus, dit-il, à l'avenir. »

Mais le lendemain par son ordre
On me prit mon enclos, mon bail étant fini,
Puis ma ferme, puis tout ; enfin je fus banni.
J'allai le supplier, il n'en voulut démordre.
J'espérais cependant que Dieu nous aiderait.
Ce ne fut point en vain. J'eus une métairie
  Que m'offrit le seigneur d'Obrait ;
Ma moisson, quand vint l'août, fut belle à faire envie.
Un mien parent mourut me laissant de grands biens,
Et le seigneur d'Obrait me demanda Blondette.
C'était un beau garçon, j'en fus fier, j'en conviens ;
  Aussi j'accordai sa requête.
  Ce fut alors que mon voisin,
  Dans mes blés verts sema l'ivraie,
 Incendia mes foins, et tua mon roussin.
Je m'en plaignais tout bas, quand au pied de ma haie,
Je l'aperçus un jour étranglé par mes chiens.
  Que me voulait-il ? Je l'ignore.
Il portait des objets qui n'étaient pas les siens.
J'ai bien prié pour lui, parfois je prie encore
  Et je conte à mes petits-fils,
Huit grands garçons, bien faits, aussi beaux que leur
 Comment l'honnête homme prospère   [père,
Et le méchant succombe accablé de mépris.

LE MOURANT ET LE BONHEUR.

Ne dis point : cet homme est heureux,
Il est riche et puissant, ses vassaux sont sans nombre ;
Il peut tout ce qu'il veut ; car sais-tu si dans l'ombre,
Comme un voleur la nuit dérobe à tous les yeux
Le larcin qu'il a fait, il ne cache un ulcère
    Qui lui ronge le cœur.
Un de nos demi-dieux allait quitter la terre.
Debout, à son chevet, l'ange exterminateur
Déployait son suaire enrichi de ses armes.
Sa femme, ses enfants l'arrosaient de leurs larmes,
Lui déplorait sa vie : il avait tant souffert !
La coupe de nos jours est une coupe amère ;
Tout mortel est maudit dès le sein de sa mère.
Il est vrai que pour lui Plutus avait ouvert
Ses plus riches trésors où d'une main avide
Il puisait chaque jour la fortune et l'encens.
Pouvait-il en jouir ? La vie est si rapide
Qu'il n'avait pu qu'à peine établir ses enfants !
Il avait parcouru l'échelle sociale ;
Chaque état promet tout sans jamais rien tenir,
Témoin, lui que la tombe allait ensevelir.
Accusait tous ses dieux de son erreur fatale.
    Mais le Bonheur vint qui lui dit
    Ces mots que lui seul entendit :
    « Quand pour me chercher par le monde
    Tu quittais ton toit ignoré,

Te livrant sans remords à la débauche immonde,
Quand au sein des grandeurs où tu fus adoré,
Tu me cherchais, mortel, à ton foyer paisible,
Je t'attendais, assis, sous le nom de vertu.
Aux accents de ma voix ton cœur fut insensible.

Tu meurs, tu ne m'as pas connu. »

LES RUSSES CHANGÉS EN OURS.

Certes, ne n'est point de nos jours
    Que la Russie a vu naître ses ours,
Mais bien au bon vieux temps si vanté par nos pères
    Lorsque les rois épousaient des bergères.
Voici comme. Il était dans un village en *off*
    Un figaro du nom de Peteroff,
        Qui taillait barbe et chevelure,
        Etait de la magistrature,
Prenait beaucoup de peine et ne manquait de rien.
On peut dans tout état amasser quelque bien;
Mais il advint qu'un jour en sa boutique
    Il toléra certain propos léger
Sur certain petit gnome appelé Bazoupique,
        Qui promit bien de s'en venger.
        En effet, lorsque vint l'automne
Notre barbier mourut. Hélas! seul il était
    De son métier; chacun se lamentait,
On s'étonnait surtout, et c'est ce qui m'étonne
Car on meurt en tout temps. L'hiver fut rigoureux,
Et les barbes poussaient!... Ils devenaient affreux.
Le beau sexe, dit-on, y fut des plus sensibles.
Cependant les chemins devenaient impossibles.
    On parlait bien d'envoyer à Moscou,
        Chercher qui put les satisfaire.
Mais on vivait si loin! On discuta beaucoup;
    Aucun n'osa tenter l'affaire.

Si bien qu'après six mois ils étaient si velus
Que les frères entre eux ne se connaissaient plus ;
On les chassa partout. Quand revient la froidure,
    Leurs peaux nous servent de fourrure.

    Onc il ne faut, en vérité,
    Rire de la divinité.

COMMENT SATAN PERDIT SA QUEUE

QUI DEVINT TALISMAN.

Jeunes filles, prêtez l'oreille,
Et vous jeunes gens écoutez.
C'était à l'heure où tout sommeille,
Phœbé jetait au loin ses douteuses clartés
Sur la forêt et sur la plaine,
Alors revenait Madeleine
Du moulin, sur le bord de l'eau.
Le cœur lui battait la pauvrette,
Et ses pieds si petits n'effleuraient que l'herbette
Où paissait encor son troupeau.
Or, c'était chose bien étrange,
Elle voyait depuis longtemps
Les beaux acacias si touffus et si blancs
Qui serpentaient comme une frange
Autour de sa chaumière, et plus elle approchait,
Plus ils semblaient fuir devant elle.
Vous comprenez combien la belle
Trop tard, hélas! se reprochait
De retourner à pareille heure
Sans que Lubin, qui l'aimait tant,
L'eût reconduite à sa demeure.
Mais elle aussi l'aimait et le craignait d'autant.
Quand soudain elle crut entendre
Le bruit d'une onde qui coulait,

Et de Lubin la voix si tendre
Qui bien bas, bien bas l'appelait.
Elle avait vu dans le feuillage
Une ombre glisser lentement :
On dit que c'était son amant,
Qui promit en jurant de n'être point volage.
Du reste, il ne voulait qu'un baiser. — Le voleur !
Il en prit plus de cent. « O monstre impitoyable,
Disait le lendemain la pauvre fille au diable,
Toi seul a causé mon malheur ;
Quand je croyais suivre ma route,
Tu me ramenais au moulin ;
Mais je me vengerai, fusses-tu plus malin
Que tous les habitants de l'infernale voûte. »
Satan n'a pas toujours beau jeu
Quand il se joue à femme habile ;
Puis, comme on dit, parfois la poudre éteint le feu.
Donc un beau soir en son asile
Elle lui donna rendez-vous.
Son excellence y vint en grand habit de fête ;
Il s'était mis l'amour en tête;
Les plus sages souvent deviennent les plus fous ;
Même il fut ridicule aux pieds de la bergère.
Madeleine alors fit du bruit.
« C'est Lubin, cria-t-elle ; ah ! craignez sa colère ;
S'il vous trouvait ici la nuit,
Grands dieux ! il vous tuerait peut-être.
Cachez-vous sous mon lit ; mais non, par la fenêtre
Laissez pendre votre queue ; oui,
C'est cela, j'attendais un mien frère aujourd'hui,

Je dirai que c'es vous. » Satan, plein d'épouvante,
S'assied sur la fenêtre et rejette en dehors
Sa queue, et puis la cache aux creux de la charpente.
Il eût, s'il avait pu, ressenti des remords.

> Lors le châssis, dont la fillette
> Avait ôté la chevillette,

Tombe, coupe la queue, et Satan pousse un cri
Si plaintif que l'enfer même en est attendri.
Il s'enfuit en courant, je crois qu'il court encor.

> Depuis ce temps dans mon village
> On la garde comme un trésor.

Satan ne paraît plus et la jeunesse est sage.
Nous en portons toujours trois fragments très-légers;
C'est un sûr talisman contre tous les dangers.

LE VIEUX JUIF.

Vous rappelez-vous ce vieux juif,
Au caractère sombre et rétif,
Qui vivait au coin de la rue?
Il avait sur la joue une horrible verrue.
Alors qu'il passait, je croyais
Voir l'esprit du mal en ce monde.
Il avait une plaie immonde
Qui le faisait sentir mauvais.
Pour vingt livres dix sous il fit vendre à sa mère?
Eh bien, on dit que des larrons,
Parmi lesquels était son frère,
La nuit ont découvert chez lui, sous des haillons.
Plus de cent mille écus qu'ils enlevèrent,
Puis en Hollande se sauvèrent.
De désespoir il se pendit.

Combien de fois on vous l'a dit,
Gens de rapine et d'avarice,
Vous seuls souffrez le plus des effets de ce vice.

DE CE QUE JEAN FIT A PIERRE ET PIERRE A JEAN

Que ce monde est digne d'estime,
Et qu'on y voit d'honnêtes gens !

Jean qui de Pierre était l'intime,
Lui dit un jour : « J'ai six cents francs.
Peux-tu bâtir pour cette somme
Un chaume pour ma sœur et moi,
Bien maçonné, comme pour toi ?
— Comme pour moi, foi d'honnête homme.
— Fait de briques et de ciment,
Qui tienne bon contre le vent ?
— Oui. — Quand ? — Dès demain. — Bon courage. »
 y fallut trois mois au plus.
Mais Jean y devenait perclus,
Tant le vent qui faisait tapage
Penétrait à travers les murs.
L'hiver on gelait près de l'âtre ;
Nos gens chez eux étaient moins sûrs
Que ne l'était le petit pâtre
Qui grelottait sur le chemin.
Mais un jour que son ami Pierre
Jurait n'avoir point fait de gain,
Jean s'écria que sa chaumière
Allait s'écrouler. « Sauvons-nous ! »
Dit le maçon, gagnant la porte.
Le tour fut bientôt su de tous.

Il s'en vengea de cette sorte :
Un soir que Jean seul cheminait,
A quoi pensait-il ? il n'importe,
Ni s'il allait ou s'il venait ;
Pierre cria soudain : « Arrête !
Arrête ! au voleur ! Des sergents ! »
Et Jean sitôt à travers champs
Prit de la poudre d'escampette.

LE FAUX PROTECTEUR.

Évitez bien les gens qui promettent toujours
    Et qui jamais ne tiennent.
On pâtit à les croire et beaucoup se souviennent
D'avoir ainsi perdu les meilleurs de leurs jours.
« Je parlerai pour vous.—Ah! monsieur, de ma vie
Je n'oublierai... —Bon vraiment! suis-je pas votre ami?
— Monsieur. . — Je ne sais point protéger à demi.
Mais revenez demain. » Et vous, l'âme ravie,
    Rêvez un meilleur avenir.
Le lendemain, joyeux, vous courez chez votre homme,
Qui pareil à quelqu'un s'éveillant d'un long somme,
Cherche à se rappeler un confus souvenir,
Et tout à coup s'écrie : « Ah! parbleu, suis-je bête !
Vous m'êtes tout à fait échappé de la tête;
Comment ai-je donc pu vous avoir oublié?
Moi qui nourris pour vous une tendre amitié...
Mais revenez demain. » Et cet homme vous mène
Ainsi de jour en jour, de semaine en semaine.
Vous eussiez réussi n'agissant que par vous.
Mais écoutez ce fait, il est vrai, je vous jure,
Et je n'y puis songer sans me mettre en courroux,
Tant il me fit au cœur une large blessure.
Quand Paul-Émile et moi demeurions à Paris,
Quelqu'un nous protégeait. Quel ami! quel apôtre!
Jamais ce grand mortel ne fit rien comme un autre,
Aussi nous aimait-il comme ses propres fils.

Nous étions fous de poésie
Et faisions d'assez méchants vers.
Le beau métier, ma foi! la belle fantaisie!
Ou plutôt le maudit travers!
Cet homme nous disait : « Messieurs, prenez courage
Tous mes amis ont lu votre dernier ouvrage.
Ils le trouvent parfait; ils vous protégeront.
Vous faut-il imprimer? mes amis le feront. »
Il mentait! il mentait! il ne voyait personne.
Il voulait seulement paraître officieux.
La jeunesse aisément aux flatteurs s'abandonne;
La tromper est un crime et des plus odieux!
Ai-je dit qu'il était docteur en médecine?
Cependant chaque jour grandissait la famine.
Paul-Émile, un matin, s'étant trouvé très-mal,
Je courus chez notre homme. Il promit, fit attendre
Tout un long jour en vain; ce retard fut fatal :
Dans la nuit s'éteignait mon ami le plus tendre.
Je revis mon docteur plus de huit jours après.
« Eh bien, me cria-t-il, comment va Paul-Émile?
J'irai le voir demain exprès. »
Je passai sans lui faire un reproche inutile.

LES NEVEUX DE L'ONCLE PIERRE.

L'oncle Pierre avait deux neveux
　　Bien différents de caractère,
Quoiqu'ils fussent tous deux enfants du même frère.
　　L'un était franc, impétueux,
Plein de bruit, vrai torrent qui roule sur des roches,
　　Bon néanmoins; l'autre était né jaloux,
Intéressé, perfide, et qui d'un ton fort doux,
Devant l'oncle, à son frère adressait des reproches
Incessants : il voulait le lui rendre odieux.
« A quoi bon, disait-il, ces transports furieux?
　　Vous oubliez les soins dont à toute heure
　　　On vous comble en cette demeure.
Votre père étant mort sans vous laisser de bien,
　　Vous eussiez eu la misère en partage,
Si votre oncle avec vous n'eût partagé le sien.
　　　Et quel droit à son héritage
　　　Aviez-vous? Aucun. Et comment
L'en remerciez-vous ? Ingrat! à tout moment
　　　Par votre indigne caractère
　　　Vous osez troubler ses vieux ans.
　　Ah! s'il vivait, que dirait votre père?
　　　Il rougirait de ses enfants. »
　　L'oncle écoutait. Il eût pleuré peut-être,
S'il eût osé, de joie, ayant un tel neveu
　　Dont les discours étaient si pleins de feu,
　　Et qui l'aimait!... Quant à ce petit traître
　　Dont les hauts cris troublaient tous ses repas,

Il fallait qu'il partît ou changeât de conduite ;
Quand il était présent, on ne s'entendait pas ;
Ou lui, maître du lieu, devrait prendre la fuite
Dans quelque antre inconnu de ce jeune insensé,
A troubler son repos à toute heure empressé.
« Doux oncle, calmez-vous, lui disait l'autre frère.
S'il veut être méchant, est-ce là votre affaire ?
Il n'est larmes ni cris qui le puissent toucher ;
Chacun refait son lit comme il veut se coucher.
Qu'il parte. Vous savez si mon cœur est sincère ;
Ne vous aimé-je pas comme mon propre père ?
Vous mourrez dans mes bras de vos gens regretté. »
C'est ainsi que sans cesse à mal faire excité,
Notre vieillard un jour chassa de son domaine
Celui dont il avait juré de prendre soin,
Et qui se fit soldat et devint capitaine.
Le rival odieux put alors sans témoin,
    De son infâme perfidie,
  Jusques au bout jouer la comédie.
   Sous prétexte que les fermiers
    Payaient à peine leurs loyers,
Que la santé de l'oncle était trop chancelante
Pour qu'il pût désormais s'occuper de contrats,
    Il veillait à ce que la vente
Des moissons se fît bien ; il faisait les achats,
Disposait de l'argent, chassait les domestiques
Dont l'œil trop vigilant aurait pu le trahir,
   Etablissait des règles despotiques,
   Ruinait l'oncle, enfin, pour s'enrichir.
Jamais un débiteur n'avait pu le fléchir.

Le traître interceptait les lettres de son frère.
Bien du temps se passa. L'oncle Pierre expirant,
 Le nommait son seul légataire;
 Lorsque quelqu'un vint en pleurant
Rappeler au vieillard celui qu'en sa colère
 Il avait banni sans pitié.
 « Il ne réclame point, disait-il, la moitié
Des biens qu'à son aîné vous donnez sans réserve
Il est devenu riche, étant aimé du roi;
 Souffrez seulement qu'il vous serve.
— Qu'il vienne, s'écria le vieillard plein d'émoi.
 — Je t'ai cru mort, enfant terrible.
Dieu voulut épargner à mon cœur trop sensible
La douleur d'expirer sans jamais te revoir.
Que ne m'écrivais-tu? J'aurais fait mon devoir,
Je t'aurais secouru. — J'écrivis. — Quand? Ta lettre
Je ne la reçus point. On la perdit peut-être.
— J'écrivis tant de fois! — Tant de fois, et jamais,
Jamais je ne sus rien. Dieu! quel trait de lumière!
Vite, je veux, avant de fermer ma paupière,
 Tout réparer. Ah! je le soupçonnais. »
On cherche l'autre frère; il avait sans trompette
 Délogé de peur des sergents.
 On interroge tous les gens :
 La ruine est, dit-on, complète.
Il en aurait été ce qu'il avait voulu
 Si seulement le perfide avait eu
 Le temps d'emporter sa cassette.

 Tel voulut tout qui n'obtint rien,
 Et fut encor haï des gens de bien.

LE RUISSEAU.

Caché sous l'herbe fleurie,
Petit ruisseau de la prairie,
Où portes-tu le tribut de tes eaux ?
— Je cours vers de lointains rivages,
Tantôt sous un ciel plein d'orages,
A travers de riants coteaux ;
Tantôt loin du bruit je chemine,
En paix, à l'ombre dans les bois,
Où le vieillard de la chaumine,
Le soir, vient rêver quelquefois ;
Souvent de la vase du monde
Se ternit l'éclat de mon onde
Et je connais des jours amers.
Sans jamais revoir ma source,
Je précipite ma course
Jusqu'au sein profond des mers.

AMARILLIS ET TYTIRE.

Tytire aimait Amarillis,
Amarillis fuyait Tytire.
Mais ce tendre berger un jour osa lui dire :
    « Belle, je vous aimais jadis,
Ce temps n'est plus ; depuis j'ai perdu ma tendresse.
J'abandonne ces lieux pour n'y plus revenir. »
L'amour alors toucha le cœur de la tigresse,
    Qui se prit à gémir.
Déjà le beau berger revenait plus fidèle,
    Lorsque soudain la belle
    Le suivit à son tour.
Tytire alors sentit s'envoler son amour.

LE PIÉGE ÉVITÉ.

Dans un tout petit paragraphe
J'ai fait deux fautes d'orthographe.
Sais-je où j'avais la tête alors ?
Un monsieur de ma connaissance,
Zoïle plein de suffisance
Qui, je crois, a le diable au corps,
Alla partout conter l'affaire.
Il eût bien mieux fait de se taire,
Car on le dit fou malfaisant.
Le monde est un fort honnête homme,
Il estime peu qui l'assomme
D'un conte absurde et médisant ;
Pourtant mon dépit fut extrême.
Je souffris beaucoup en moi-même
Et cela pendant huit grands jours.
Ce fut alors que Jean le cuistre,
Esprit hargneux, à l'œil sinistre,
Tint contre moi d'affreux discours.
Je me serais vengé peut-être
Si les propos de l'autre traître
Ne m'eussent troublé le cerveau.
Dieu ne veut point que l'on se venge.
Lui seul par ce moyen étrange
Me fit éviter le panneau.

LA VIEILLE CHANGÉE EN PUCE.

Il était une vieille
Qui n'avait plus de dents, mais qui mordait toujours,
Par ses méchants discours,
La jeunesse vermeille.
On la chassait partout
Et l'on criait au loup
Alors qu'elle passait à travers le village.
Colin aimait Colette et la fille était sage;
Elle inventa contre eux
Un roman scandaleux
Qu'on disait à l'oreille.
Les faits contés, chacun niait,
Puis après on riait.
Le conte fit merveille
Rien ne réussit mieux que les propos méchants.
Que n'en est-il ainsi du bon grain que l'on sème?
Pourtant tout alla bien, car nos deux jeunes gens
S'unirent le jour même
Que la vieille expirait dans son antre maudit;
Mais la sorcière par astuce
Obtint de Lucifer qu'il la changeât en puce,
Et vite retourna les mordre dans leur lit.

LE CHÊNE ET LES TOURTEREAUX.

— Vous eussiez frémi comme moi.
Le ciel à l'horizon s'est couvert de nuages ;
Tous nos bergers fuyaient le cœur glacé d'effroi,
On entendait gronder à la fois vingt orages.
    Quand soudain un globe enflammé
    Plongea dans la forêt prochaine,
    Et l'on vit tomber le grand chêne
    Où tous deux nous avons aimé
A nous entretenir des choses de la vie
    — Ce buisson où deux tourtereaux
Avaient bâti leur nid, caché dans les rameaux ?
— Est encore debout. — O sagesse infinie.
    L'humble sous son toit ignoré
    Voit couler ses jours sans alarmes ;
Quand vient la mort ses yeux n'ont point connu les
Le puissant orgueilleux du vulgaire adoré [larmes.
    En vain lève son front superbe,
Dieu le frappe et soudain il meurt caché sous l'herbe.

JEANNE ET SES TROIS FILS.

— Vous me demandez un poëme,
   Bien long surtout, écrit en vers,
Je vous refuse net. — Vous n'êtes plus vous-même.
— Pourquoi parler ainsi? Vous savez mes travers.
   Je possède un fonds d'indolence
   Qui chaque jour semble augmenter,
   Et c'est beaucoup me tourmenter,
Belle, que me vouloir faire ainsi violence.
   Que ne vous y prenez-vous mieux?
Demandez peu d'abord et demain davantage,
Par un mot de tendresse animez mon courage;
Même soyez flatteuse; étalez à mes yeux
   Tout l'encens que j'en puis attendre:
J'ai de la vanité. Les auteurs, de nos jours,
         En ont, comme toujours,
         Plus ou moins à revendre.
Mais quand le dieu Morphée enlaçait de pavots
      Mon âme tout entière,
      Quand déjà ma paupière
Se fermait, votre voix a troublé mon repos.
   Que n'avez-vous imité Jeanne?
La pauvre veuve avait trois grands marauds de fils,
Un champ couvert de ronce, un vieux moulin, un âne,
Elle dit à l'aîné : « Je te voudrais mieux mis;
   Suzanne au sermon te regarde;
Elle a de bons écus; épargnons notre argent

Va me couper, dans notre champ,
    Des ronces pour le feu. Prends garde
De te trop fatiguer. » Au second : « Le cousin
Entendit l'autre jour Pierrot sous la tonnelle,
Qui, buvant d'un vieux vin, jurait d'abattre une aile
A cet oison sans bec qui logeait au moulin,
    S'il remontait encor sa bête;
    C'est toi qu'il désignait ainsi.
Il te traitait de lâche; il mentait, Dieu merci. »
Au troisième : « Mon fils, demain nous ferons fête.
Un ange m'apparut : Tu seras riche un jour,
Il me l'a dit. Un duc te donnera sa fille;
Elle aura nom Silvie et sera fort gentille;
Vous serez mariés devant toute une cour.
Quelqu'un de nos aïeux fut un saint sur la terre,
Il a prié pour nous : un jour tu seras roi;
C'est un secret, mon fils, entre le ciel et toi
    Qu'à tout mortel il te faut taire.
Ecoute bien; voici ce qui se passera :
Nous devons recevoir sac de froment ou d'orge,
Qui, broyé par la meule, en or se changera.
Travaille, et chaque jour redis trois fois saint George.
    . Surtout, ne vas pas l'oublier. »
L'aîné s'en fut au champ : c'était un homme avare;
La ronce disparut; ânier de son métier,
Le second, furieux, trottait sans crier gare,
Et reportait le grain que la meule écrasait;
Le plus jeune, rêvant la grandeur, redisait
    Saint George et travaillait sans cesse.
Les trois frères bientôt connurent la richesse.

MONSIEUR CASSANDRE.

Je connaissais monsieur Cassandre.
Toutes les fois qu'on le voyait,
Du haut de sa voix il criait
D'aussi loin qu'on pouvait l'entendre :
« Messieurs, je vais chez mon banquier !
Ne m'arrêtez pas, je vous prie. »
Ou s'il jouait, soudain il quittait sa partie.
C'était quelque coupon qu'il craignait d'oublier,
Quelque réponse à faire à telle compagnie
    Qui lui demandait de l'argent,
A cause qu'elle était dans un besoin urgent.
Alors il ajoutait d'un air de confidence :   [ports,
« J'ai, grâce au ciel, acquis par mes nombreux rap-
    Autant au dedans qu'au dehors,
    Une profonde connaissance
De nos transactions. Quand je place des fonds
Je sais ce que je fais. J'ai plus de cent coupons
Sur les chemins du Nord qui valent cent soixante ;
J'achète prudemment et ma fortune augmente.
J'ai même ce matin acheté pour Damis ;
Vous voyez, au besoin, j'aide mes bons amis. »
Bien des gens le croyaient et risquaient leur fortune,
    A des marchés qu'il dirigeait ;
Et tout en consommant la ruine commune,
Il se payait comptant des frais qu'il exigeait.
    Il a trompé deux cents familles,

Il s'est enrichi de leur bien.
On le sait, on le dit, on ne le nie en rien,
Cependant je voyais tous ces gens en guenilles
Le suivre au cimetière et déplorer sa mort.
« Quel malheur ! disait-on, quel homme ! quel génie ! »
Quel génie ! oui vraiment, mais qui vous fit du tort.
   Aurons-nous donc toujours cette manie
   De n'admirer que ce qui nous fait mal.
   Ah ! vraiment, l'homme est un sot animal

BASTIEN ET LES JEUNES GENS DE MON VILLAGE.

Je connaissais dans mon village
Un jeune laboureur qu'on appelait Bastien.
    Vous l'eussiez estimé, je gage,
    Tant il était homme de bien.
Il savait du latin, était bon agronome;
On venait de bien loin admirer ses guérets,
Qui lui payaient en août de fort beaux intérêts.
    Il était surtout économe
De tout son temps, qu'il disait valoir gros.
    Il est des heures de repos,
    Le reste appartient à la terre
Qui réclame nos soins pour nourrir les moissons.
    Le croiriez-vous, de si bonnes leçons
Lui coûtèrent des pleurs que bien souvent sa mère
    Essayait d'essuyer en vain.
C'est que les jeunes gens qui s'enivraient de vin
    Les dimanches à la taverne,
Lui tenaient des propos qui font rougir les gens.
Il leur disait parfois : « Que chacun se gouverne
    Comme il lui convient, j'y consens;
    Mais laissez-moi vivre à ma guise.
On ne l'écoutait pas, on l'insultait toujours,
Les filles le raillaient au sortir de l'église.
    La jeune Lise eut ses amours,
    Et ses compagnes éclatèrent
    En rires vraiment indécents.

Sais-je contre eux ce qu'elles inventèrent ?
Ce sexe est passé maître en propos médisants.
  Le fait est que pas une d'elles
N'eût voulu l'épouser, quoiqu'il eût de l'argent.
La raison est, je crois, que chez ces demoiselles
On estimait surtout certain air gaînement
  Que Bastien n'avait nullement.
 Six mois plus tard je vis dans la chapelle
  Nos amants s'unirent tous deux.
  Ce jour-là que Lise était belle,
  Et que Bastien était heureux !
  Toutes ces dames épousèrent,
  Toutes aussi le regrettèrent ;
Car lorsqu'elles voulaient retenir leurs maris,
  Elles étaient toujours battues.
  C'étaient des pleurs et puis des cris
Qui rassemblaient les passants dans les rues.
  Lise élevant de beaux enfants,
  Vivait dans une paix profonde,
  Et gémissait qu'il fût au monde
Des gens unis, malheureux et méchants.

JEAN QUI PERD UN ANE ET RÉCLAME UN CHEVAL.

Ça, monseigneur, parlons ensemble.
Vous savez mon respect pour vous,
Et vous m'estimez ce me semble.
Pouvez-vous me dire, entre nous,
Pourquoi sur la place publique,
Alors que vous passez en habit de gala,
A mon salut vous donnez la réplique,
Par un salut petit comme cela ?
D'honneur, j'y puis à peine reconnaître
Celui qui me sourit en me donnant la main
Sitôt que sur son seuil il me voit apparaître.
Peut-on changer ainsi du jour au lendemain ?
Ah ! je comprends ; la foule était immense
Et devant elle il faut se respecter.
Mais ce respect humain que j'entendis vanter
Est à mon sens une démence.
J'étais de votre avis, et vous savez pourquoi,
Lorsque vous me disiez : je méprise la foule.
Et devant ce veau d'or votre sagesse croule ;
Vous l'estimez donc plus que moi ?
Pardieu, non ; c'est folie humaine.
Le monde ne fait rien pour nous,
Mais pour plaire à ce dieu, que nous prenons de peine !
Et même devant lui nous tombons à genoux.
Pauvres mortels, que je ne puis comprendre,
Vous ressemblez à Jean de mon endroit.

4

Il n'était rien qu'il ne pût entreprendre
Sans l'achever, tant il était adroit.
Il possédait un roussin d'Arcadie
Qu'un franc ribaud lui vola dans la nuit ;
Le lendemain notre homme fit grand bruit.
Mais en cela n'est pas la comédie
On découvrit la bête et le voleur.
Eh bien ! malgré cent témoins de l'affaire
J'entendis Jean assurer sur l'honneur
Que ce baudet qui s'était mis à braire
Lorsqu'il le vit entrer au tribunal,
Ne ressemblait en rien à sa monture,
« Car c'était un cheval, oui, messieurs, un cheval
Qu'on me vola dans la nuit, je vous jure. »
Sa vanité ne lui permettait pas
Qu'il reconnût semblable domestique.
Vous, monseigneur, vous marchez sur ses pas.
Était-ce ainsi chez la noblesse antique ?

CE QUE FIT SATAN POUR EMPÊCHER LA CONVERSION DES GENS DE MON VILLAGE.

On allait ce jour-là prêcher contre les vices.
Satan dit à ses pairs : « Ceci ne me plaît pas.
   Que chaque chef assemble ses milices,
   Et se prépare à marcher sur mes pas.
On entendit alors comme un bruit de tempête,
Tout l'enfer s'agitait, ses nombreux bataillons
S'élevaient de l'abîme en affreux tourbillons,
Belzébuth tout armé s'avançait à leur tête.
   C'était à l'heure où naît le jour.
   Ils s'abattirent sur la tour
De l'église; les uns s'emparèrent des cloches
    Et sonnèrent à tour de bras;
   D'autres munis de larges poches,
Allaient, venaient, riaient, prenaient tous leurs ébats,
    Saisissaient les sons au passage
Qu'aussitôt ils portaient bien loin dans le village;
De sorte que Guilain, le bedeau du couvent,
   Qui dormait en paix, n'en eut vent.
Et que les habitants alarmés accoururent.
Les premiers arrivés seraient les mieux placés.
Guilain les renvoya, les traitant d'insensés,
   Eux pensèrent ce qu'ils voulurent.
   Quand l'heure du prêche arriva
    Le bedeau s'en vint, après boire,
Sonner comme trois sourds; on dit qu'il n'acheva

Qu'on ne l'en eût prié, je l'écris à sa gloire.
Cependant les démons amassaient, entassaient
Dans leurs poches les sons à mesure qu'ils passaient
   Par les fenêtres, par les portes.
   Il y fallut trente cohortes.
A trois pas de l'église on n'eût rien entendu,
Tandis que le curé se bouchait les oreilles,
Et répétait tout bas les nombreuses merveilles,
   Dont il avait orné son long discours.
Comme nul ne venait, il perdit patience.
Se leva, se rassit, maugréa, fit cent tours,
Il se sentait alors un torrent d'éloquence.
Quel dommage! le monde en fût devenu bon.
Mais enfin furieux, il s'enfuit du village,
Jurant de n'y jamais prêcher un seul sermon.
Je vous laisse à juger depuis si l'on fut sage.

L'AMI INDISCRET.

Je ne voudrais pas pour beaucoup
   Savoir la vérité qui blesse.
L'erreur a son mérite. « Eh bien, votre maîtresse
Vous trompe, disait-on. — Monsieur, encore un coup
Vous êtes sans pitié! Je la croyais fidèle.
Quel bonheur désormais goûterai-je auprès d'elle?
En me croyant heureux, je l'étais en effet.
— Je vous estime trop... — Laissons là votre estime.
Je suis jaloux, vous dis-je, et vous seul l'avez fait :
J'ai droit de vous en faire un crime.
     — Quatre mots seulement,
   Et vous saurez par quel événement...
— Si vous dites ces mots, monsieur, je vous assomme.
— Votre ami chez la belle a passé tout un jour.
    — Vous êtes un bien méchant homme!
Ce n'était point assez de troubler mon amour,
   C'eût été par trop charitable,
Il vous fallait encore attaquer mon ami.
Ah! vous ne faites point les choses à demi.
— Mon devoir m'obligeait... — Monsieur, allez au diable!
   Je hais ce zèle impitoyable
    Qui me tourmente sans remords. »
   Et ce disant il le poussa dehors.

   L'illusion est une douce chose.
Pourquoi me l'arracher si mon cœur s'y repose?

LE MANUSCRIT DE FRÈRE GILLE.

Onc il ne fut de moine si savant,
Que frère Gille, aucuns disent Magloire,
Qui composa trois chapitres d'histoire
Sur les méfaits d'un certain desservant,
Fameux ribaud qui déserta l'Église,
Scandalisa les dévotes d'alors,
Et fut enfin auto-da-fé dans Pise.
Satan craignit que semblables records,
S'ils étaient lus, n'induisissent les hommes
A se damner un peu moins qu'ils ne font.
Nos bons aïeux étaient ce que nous sommes,
Peu soucieux du séjour où s'en vont
Après la mort les âmes pécheresses.
Satan donc assembla ses hordes vengeresses;
    Conta les faits; se noya dans les pleurs.
    De ses sanglots les antres retentirent;
    L'enfer hurla; les astres en pâlirent.
Le soleil dans les cieux obscurcit sa clarté,
    Et Satan même en fut épouvanté.
Puck alors fit un signe, et chacun de se taire.
    « Messieurs, dit-il, je réponds de l'affaire ·
Le livre sera mien, je prétends l'enlever;
    Jamais l'auteur ne pourra l'achever. »
    On applaudit, on savait son audace.
Ce démon aussitôt d'un bond franchit l'espace,
    Mit sous son bras un énorme bouquin
    Car il fallait surtout paraître habile),

Vint au couvent sous l'habit franciscain,
Parla romain, loua fort frère Gille
De son travail que chacun approuvait,
Et lui par-dessus tous; dicta ce qu'il savait
Du desservant, de l'enfer et du diable;
Gille écrivait. Bientôt une odeur effroyable
Se répandit partout dans le couvent.
On se pinçait le nez. Frère Fervent
En accusa le novice Pancrace,
Qui rejeta la faute sur Ignace,
Qui, s'indignant, les accusait tous deux.
Il s'ensuivit un débat bien hideux,
Dont le chapitre a gardé la mémoire.
Je le dis à regret. Mais quoi, j'écris l'histoire.
Lors on ouït dans la cour un grand bruit.
Gille criait : « Frères, de l'eau bénite.
Sus à Satan ! Il a mon manuscrit;
Qu'il me le rende et s'enfuie au plus vite.
Il me dictait : pendant que j'écrivais,
Le traître a fait un gros ca dans mon encre;
Je ne sais point ce qu'il a dans le ventre,
Mais, par saint Jean ! cela sent bien mauvais. »
Satan suait et cherchait une issue;
Tout le couvent se ruait sur ses pas;
Quand lui soudain disparut à leur vue.
Le manuscrit ne se retrouva pas :
Gille en mourut. Depuis, ce pauvre monde
N'a point cessé d'être un champ pour le feu,
Où tous les jours glane l'esprit immonde;
Quelquefois même il **y** récolte un peu.

PLOTUS.

Certes! je connaissais Plotus.
C'était un grand joueur de flûte,
Esprit épais, toujours en butte
Aux sarcasmes de Manlius.
Un jour on le créa patrice
Parce qu'il sut plaire à Néron,
C'est alors qu'il se fit larron
Pour entretenir une actrice.
Ses meurtres sont connus de tous :
Aucun n'avait osé dans Rome
Ce que dix ans osa cet homme :
Néron même en devint jaloux.
Lorsque sur la place publique
Suivi de licteurs il passait
  Manlius le saluait
  Du surnom d'Asiatique
A cause qu'il avait chanté
Des vers de Néron en Phrygie.
Mais quand le peuple révolté
L'assassina dans une orgie,
Dit-on qui l'insulta le plus?
  Eh bien, ce fut Manlius.

LE MEUNIER JEAN.

Il fut un meunier contrefait
Qui, lorsque renaissait l'aurore,
Au bruit que le moulin faisait
Entonnait d'une voix sonore
   Quelques vieux chants grivois
Dont lui-même riait parfois
   A gorge déployée.
Il était roi de la veillée,
C'était Jean par-ci, Jean par-là,
   Jean qui nous fera rire.
Aux filles il osait tout dire,
Elles l'aimaient mieux pour cela.
Un matin monté sur sa bête,
Ayant boucle et galon d'argent,
On vit passer notre galant
   Qui criait à tue-tête :
« Gens du village, apprêtez-vous !
Demain on célèbre ma noce
   Jeanne malgré ma bosse
   Me nomme son époux.
Je promets vingt tonnes à boire
Après nous briserons les pots ;
Mais jusque-là poi   de repos,
   Il y va de ma gloire. »
La-dessus, maître Aliboron
Se mit à sonner d'un clairon

Qui fit trembler les vitres,
C'était un baudet ayant titres.
Lorsqu'ils arrivèrent tous deux
   Au logis de la belle,
Jeanne, l'aimable demoiselle
Riait avec un amoureux
   Du mari dont la Vierge
Lui faisait don; assurément
Elle lui devait un gros cierge
Jean l'entendit, et doucement
Il lui cria par la fenêtre :
« Tu m'y verras brûler peut-être,
Belle, l'encens pour tes appas.
   Adieu, cruelle Jeanne ;
   Puisque tu n'aimes pas
   Je remonte mon âne. »
Aussi prompt que le vent ;
Riant de l'aventure,
Il reprend sa monture
Qu'il excite souvent.
Buvant frais sur la route,
Il retourne au moulin.
Le diable est bien malin,
Si l'amour n'y voit goutte.
Gaîment on vida les tonneaux
Le lendemain, sans mariage ;
Jeanne vieillit fille au village.
Souvent de jeunes étourneaux,
Lorsqu'ils passaient devant chez elle,
Le soir, chantaient la ritournell

Que depuis chacun répétait
A fillette qui coquetait :
 « Adieu, cruelle Jeanne.
 Je remonte mon âne. »

L'ERMITE ET SATAN.

L'esprit du mal est bien malin,
Messieurs; et toujours quoi qu'on fasse,
Il triomphe de nous. Il n'est rien qui le lasse,
Il sait à quel péché notre cœur est enclin,
Vite par cette brèche il attaque la place
    Qu'il emporte en un tour de main.

J'en veux conter un exemple célèbre
    Du bon vieux temps, quand les reines filaient.
    J'ai su comment mes héros s'appelaient;
Il ne m'en souvient plus. — Ce fut au bord de l'Èbre.
Un chartreux de la reine était le confesseur,
    Emploi charmant qu'il aimait. — Sa faveur
S'achetait au poids d'or. — Le roi, bon catholique,
    Le consultait dans les soins importants.
Il était de la cour et saint en même temps,
    Cas merveilleux et pourtant authentique,
Témoin ce livre écrit par un moine andalous
Qui lisait en hébreu. — Mais si saint qu'on puisse être
    Nul n'est parfait, hélas ! nous péchons tous.
    Si quelque grand ne voulait se soumettre
A son autorité, le bon saint s'emportait.
C'était une tempête impossible à décrire
Qui sur de pauvres clercs bien souvent s'abattait.
      Le diable ne faisait qu'en rire.
Mécontent de lui-même il courut au désert.
Rien ici, pensait-il, n'excite à la colère,

Consacrons tous nos jours au Dieu que je révère,
Sa grâce est infinie : il sauve qui le sert.

    Mais voyez quel tour effroyable
    Un matin lui joua le diable.
    Comme il avait puisé de l'eau
    Qui coulait au pied d'un coteau
    Loin, bien loin, à plus d'une lieue,
    L'esprit du mal avec sa queue
    La renversa. Lui sans songer
    S'en retourna remplir sa cruche.

Est-ce tout d'échapper une fois au danger ?
Satan à son retour lui tenta même embuche.

    Le vase fit encor le saut.

Le saint alors pâlit ; sans pourtant dire un mot
Une troisième fois il revit la fontaine.
Il était déjà vieux et marchait avec peine,
L'épreuve était pénible ; il revenait enfin
A pas lents, il est vrai, mais le cœur plein de joie.

    Sans doute il se croyait bien fin.

« Je vaincrai, dit Satan ; qu'il devienne ma proie
Cinq minutes au plus et je suis satisfait:
Usons nos grands ressorts. » Sitôt dit sitôt fait.
Il bondit sous les pas du pauvre anachorète
Qui chancelle et qui tombe écumant de fureur.
La cruche était brisée. Alors d'un air moqueur

    Satan célébra sa conquête.

Le saint pleura sa faute et Dieu la pardonna.
Que devint-il après ? Messieurs, il retourna

    A la cour confesser la reine
    Que depuis il grondait à peine.

MON VIEUX PARENT.

Amis, d'un fait il me souvient
Qui peut-être vous pourra plaire
Ou vous aider, s'il vous advient
Quelque embarras, à vous tirer d'affaire.
Le voici. Un de mes parents
Vieux curé d'un petit village,
Avait coutume tous les ans
D'entreprendre un pèlerinage,
Non point de ceux qu'on entreprend
Pour ses péchés. Notre bonhomme
Était innocent, Dieu sait comme ;
Vous l'eussiez pris pour un enfant.
Mais c'était au temps des vendanges;
Il allait chez les vignerons,
Ses bons amis, joyeux lurons,
Chanter avec eux les louanges
Du Dieu qui nous donna le vin.
Un curé venait de la ville,
Célébrait l'office divin,
Allait visiter chaque asile,
Confessait chaque pénitent,
Enfin prenait soin de la cure.
Il mourut. — Mon vieux parent,
Que cette fâcheuse aventure
Allait priver de son congé,
Inventa ceci. « J'ai songé,

Mes frères, dit-il à la messe,
Qu'afin d'ouïr plus efficacement
   Tous ceux qui viennent à confesse,
   Je devais m'y prendre autrement.
J'ai résolu ne plus prêter l'oreille
   Aux pécheurs que durant le jour,
   L'exemple en tout temps fit merveille,
   Puis n'écouter que tour à tour
   Vos péchés selon leur espèce ;
   L'effet en sera bon pour tous,
Ainsi je puis avec plus de justesse
Juger du mal existant parmi nous.
Voici comment j'ai divisé l'affaire :
Demain lundi je reçois les voleurs ;
Mardi, les gens toujours prêts à mal faire,
Et leurs cousins les calomniateurs ;
   Mercredi, les marchands coupables
   Du crime d'infidélité ;
   Jeudi, les pécheurs détestables,
   Fils du démon d'impureté ;
   Vendredi, les femmes coquettes
   De l'espèce que vous savez,
Et samedi, les filles indiscrètes.
Alleluia ! Nous serons tous sauvés. »
On rit beaucoup de ce discours étrange.
   Personne au temple ne parut.
Satan sans doute eut tous ceux qu'il courut,
   Mais mon parent fit la vendange.

LA FEINTE.

Un jour que Jeanne à côté de sa mère
   Travaillait sans lever les yeux,
Je lui disais : « J'ai le cœur bien joyeux,
   Jeanne ; car j'ai su que Valère
Avait enfin attiré vos regards.
   Depuis si longtemps il vous aime !
C'est fort bien fait, ma Jeanne, à tous égards
   Et puissiez-vous l'aimer de même. »
Elle rougit beaucoup sans répondre un seul mot.
   « De plus on m'a dit que bientôt
Vous vous unirez l'un à l'autre.
   — Sais-je d'où vous tenez ceci ;
De votre voisin ? — Non, du vôtre.
   —Je n'ai point d'amant, Dieu merci.
On se moquait de vous. — On disait vrai, la belle.
   Voyez si je suis bien instruit
   Hier, là-bas sous la tonnelle,
   Tous deux vous allâtes sans bruit,
   Ce n'était pas encor la nuit,
L'ombre déjà pourtant grandissait dans la plaine,
   On pouvait distinguer à peine.
   Valère vous parlait d'amour.
   — Ce fut longtemps avant la fin du jour ;
Voyez un peu l'affreuse calomnie !
   — J'ignorais tout, j'ai voulu tout savoir.
J'ai feint, vous vous êtes trahie:
Gardez vous de la feinte, ô ma Jeanne. Au revoir. »

LES DEUX JUIFS.

Un moine en chaire argumentait
Qu'en certains cas, pour se sauver la vie,
On peut voler. Il ajoutait
Qu'ainsi l'avait voulu la sagesse infinie.
De deux maux le moins grand doit être preféré,
Ce fait par un vieillard me fut fort assuré.
C'était, je crois, sous Clément treize,
D'un conte il appuyait sa thèse.
Il disait : « Dans Ninive un jour
Vivaient deux Juifs : ils demeuraient ensemble,
Étaient de ceux qu'un même soin rassemble ;
Ils amassaient afin qu'à leur retour,
Comme ils n'auraient plus rien à faire,
Ils pussent compter, non jouir.
C'est de beaucoup de gens la folie ordinaire.
D'autres pour moins encore ont voulu s'enrichir.
Ils firent enfin le voyage.
Maint chameau portait le bagage ;
C'étaient des vivres, leur trésor,
Et quelques esclaves encor,
Qui sur le tout firent main basse
Et décampèrent promptement,
Les laissant au désert raconter leur disgrace.
Une outre restait seulement.
Ismaël en était le maître.

Il s'en saisit : c'était justice en soi.

    Nul ne peut l'en blâmer ; mais quoi !

Est-ce assez d'être juste ! et doit-on méconnaître

    Ce sentiment qu'on nomme humanité ?

Ne ferons-nous jamais rien pour l'éternité ?

L'égoïste ferma son cœur à la prière

De celui que, la veille, il appelait son frère.

— Je jure par David de n'être pas ingrat,

    Disait Azar ; aidez à ma misère.

Lui, soutenait qu'il n'en pouvait rien faire,

Alléguait cent raisons, la chaleur du climat,

La longueur de la route et sa soif incessante.

— Nous péririons tous deux, disait-il, il vaut mieux

Qu'un seulement s'en aille augmenter les aïeux

      Qui dorment dans l'attente

Du Sauveur d'Israël. Azar ne répond rien,

Mais la nuit, et pendant que, couché sur la terre,

Ismaël dort, Azar veille et se désaltère,

Puis s'endort à son tour. Fit-il mal ? fit-il bien ?

Je le laisse à juger ; pour moi je m'en veux taire.

Dieu nous garde pourtant d'un semblable destin.

      Tous deux de grand matin,

    Après avoir achevé leur prière,

Se remirent en route. A peine la lumière

    Avait fourni les deux tiers de son cours

      Qu'ils trouvèrent gîte et secours,

    Et l'outre était encore à demi pleine. »

      Notre moine achevait à peine,

Que quelqu'un s'écria qu'il méritait la mort,

      Que sa morale était impie,

Odieuse, exécrable, et traître à la patrie,
Et qu'il fallait l'étrangler tout d'abord.
Le bon père trouva son salut dans la fuite.
  Encor dut-on l'arracher de leurs mains.
    Les plus zélés à sa poursuite
    Étaient voleurs de grands chemins.

LES DEUX HOLLANDAIS.

Voici le trait contraire,
Qui sans doute vous plaira mieux,
Car le bien rend joyeux
Ceux qui le font et ceux qui le voient faire.
Il est en nous certains penchants,
Certaines lois impérieuses,
Qui nous font admirer les âmes généreuses.
O poëtes, ce thème est digne de vos chants.
Nous sommes les enfants d'une noble origine,
L'arbre n'est pas séché jusque dans sa racine ;
De sublimes vertus résident parmi nous.
Or, tout bien vient de Dieu, donc Dieu se manifeste :
Il n'abandonne point la terre en son courroux,
Et jusqu'à la terreur des méchants, tout l'atteste.

Il advint que, sur l'Océan,
Des Hollandais, la nuit, firent naufrage,
Deux seulement gagnèrent à la nage
Un roc dressé comme un sombre géant,
Et que battait la vague furieuse.
La foudre se perdit enfin vers l'occident,
Et quand l'aurore radieuse,
Parut à l'horizon, le flot grondait encor,
Comme en un reste de colère,
Sur l'abîme où s'était englouti leur trésor ;
Leurs compagnons avaient bu l'onde amère,

Eux n'attendaient qu'un trépas plus affreux,
Déjà la soif ardente augmentait leur souffrance,
Et ce rocher semblait repousser l'espérance.
Non sans danger, le plus jeune des deux,
En s'aidant d'un hunier rompu par la tempête,
Avait sauvé des vivres pour six jours,
L'autre allait se briser la tête.
Il se croyait si loin de tout humain secours !
« Eh quoi ! dit le premier, vous manquez de courage.
Voici mon pain, faites-en le partage,
Qui sait si Dieu ne nous sauvera pas,
Même avant que le jour ait disparu sous l'onde.
S'il a sur ce rocher marqué nos derniers pas,
Eh bien, nous quitterons ce monde
Ensemble en nous donnant la main.
Vous m'aurez épargné la moitié du chemin. »
Cet acte à mon sens est sublime,
Il pouvait tout garder sans crime,
Il fut généreux et fit bien,
Pour moi je l'en loue. Il n'est rien
Qui vaille un tel bienfait. Il achevait à peine,
Qu'un beau trois-mâts apparut à leurs yeux.
Je vous laisse à juger s'ils bénirent les cieux.

Aimons-nous donc un peu, la terre a tant de haine

FOI, ESPÉRANCE ET CHARITÉ.

Dans les forêts, près des fontaines,
Je vis assis aux pieds des chênes,
Trois beaux anges aux ailes d'or,
Ils tenaient des harpes sublimes,
Et les zéphyrs, du haut des cimes,
Redisaient leur divin accord.

L'astre du jour, dans les feuillages,
Formait alors d'ardents mirages,
Et chassait l'ombre des sentiers.
Moi, je m'agenouillai dans l'herbe,
Et je courbai mon front superbe,
Baisant la poudre de leurs pieds.

L'un s'avançant d'un pas rapide,
Vint me couvrir de son égide,
C'était la Foi, fille du ciel.
Il disait : « Dieu créa les mondes,
Les vents, les monts, les mers profondes,
Les fleurs et le rayon de miel. »

L'autre sourit à ma souffrance,
C'était la divine Espérance,
Qui nous suit partout ici-bas.
Il disait : « Loin de cette plage,
Il est des cieux exempts d'orage,
Marchons : je soutiendrai tes pas. »

Puis vint la Charité si douce,
Exprimant des sucs de la mousse,
Pour en laver mon front sali.
Il disait : « Dieu, vers qui l'implore,
M'envoie, afin qu'il croie encoré,
Au bonheur d'un devoir rempli. »

Depuis j'ai marché sur leur trace,
Et Dieu qui sait ce qui se passe,
Combla tous mes jours de bonheur.
Quand vient l'heure de ma prière,
Je sens un rayon de lumière,
Me pénétrer le fond du cœur.

KARR ET LE PÊCHEUR.

Karr a conté que l'Océan un jour
    Avait brisé contre la dune
La barque d'un pêcheur. Ruiné sans retour
    (Aux gens de mer la chose est fort commune)
    Il s'en vint trouver notre auteur,
Qui du peuple marin est grand admirateur
    « Les flots, dit-il, dans leur colère
Ont englouti ma barque et mes filets.
C'était mon gagne-pain. Vous savez si j'aimais
    Ma belle barque si légère.
    L'Océan a tout dévoré ! »
Sa voix était émue : il avait tant pleuré !
    Le lendemain, de porte en porte,
    Karr s'en allait tendant la main ;
Il racontait combien la tempête était forte ;
    Que la plage le lendemain
    Offrait un spectacle indicible.
C'étaient des mâts rompus par la vague et le vent
    Que rejetait la mer alors paisible ;
Beaucoup avaient souffert du perfide élément ;
    Personne ne fut insensible ;
    On lui donna beaucoup d'argent.
    Comme il passait devant la grille
    D'un homme qu'on disait avoir
    De grands biens, et dont la famille
    Travaillait du matin au soir,
    Tant son avarice était grande,

Doutant du fruit de sa demande
Il allait s'éloigner, mais enfin il entra.
Il en sera ce qu'il pourra,
Se dit-il ; un tel cas n'admet point de faiblesse,
Et si l'on me refuse, on me refusera.
Il reçut force politesse ;
Puis la somme de trois cents francs !
Karr en parut surpris. « Monsieur, j'ai trois enfants,
Lui dit le gentilhomme en lui donnant sa bourse !
Trois filles qu'il faudra pourvoir.
J'ai des biens, en effet, et le temps en sa course
N'a fait qu'augmenter mon avoir ;
Mais comme elles sont trois, il suffirait à peine
Pour vivre exempt de tout besoin.
Je me fais déjà vieux, la vie est incertaine ;
Je puis mourir bientôt. Qu'adviendrait-il, si loin
D'avoir à mes enfants inspiré de bonne heure
Le mépris d'un vain luxe et l'amour des vrais biens,
Dont je fais le sujet de tous nos entretiens,
J'eusse en palais érigé ma demeure,
Si quelqu'un se fût présenté
Pour obtenir la main de l'une d'elles,
Ne trouvant rien que rubans et dentelles
Nous l'eussions vu s'enfuir épouvanté
Comme on fuirait devant la peste :
Elles ont de l'argent comptant,
Quelques vertus, le temps fera le reste ;
Que Dieu m'appelle et je mourrai content. »
Karr admira tant de sagesse.

Nul n'est sûr d'être heureux s'il n'a que la richesse.

LA BAIGNEUSE.

O toi qui, lorsque naît l'aurore,
Cours aux vagues des mers livrer tes noirs cheveux,
Quels amours ou quels soins t'y ramènent encore
A l'heure où l'astre-roi lance ses derniers feux ?
J'ai vu partout tes pas empreints sur le rivage ;
Dans les creux des rochers j'ai vu passer ta main.
C'est en vain que souvent je t'ai prédit l'orage,
    Je t'y revois toujours le lendemain.
      Que cherches-tu, baigneuse ?
    Des perles pour ton corset noir ?
Non. Des bijoux serais-tu dédaigneuse ?
Je t'entendis soupirer l'autre soir,   [chêne.
Quand deux amants passaient là-bas sous le grand
Se parlaient-ils d'amour ? car je n'entendis pas ;
    Toi tu retenais ton haleine,
Et l'herbe frémissait à peine sous tes pas.
    Tu cherches la conque marine
A qui Prothée un jour confia l'avenir ;
Pour toi je l'ai trouvée au fond de la ravine ;
   Tiens, la voici, tu peux l'entretenir ;
     Vois comme elle est blanche et vermeille,
     Approche-la de ton oreille...
     Elle t'a dit un mot bien doux,
   Car tu souris. Quel est-il ? — Un époux.
Je ne demande, moi, que l'amour d'une femme.
    Veux-tu m'aimer ? nous aurons d'heureux jours ;
Tes vertus en mon cœur feront croître ma flamme.

   Les vices seuls ont détruit les amours.

LE SOUHAIT DU MARI.

J'ai lu qu'un époux dans Pergame,
Qui ·passait de vie à trépas,
Fit un long discours à sa femme
Sur la veuve et ses embarras.
La belle pleurait à cœur fendre
Et paraissait ne point entendre,
Tant sa douleur la suffoquait,
Ce que son mari lui marquait.
Mais lorsqu'il en vint à lui dire :
« Ecoutez, avant que j'expire.
La femme a besoin qu'un époux
Partout la guide et la protége.
Croyez-moi, remariez-vous,
Moi n'étant plus. Même oserai-je
Vous proposer mon successeur ?
Notre jeune ami Poliphile
Vous conviendrait; il a du cœur;
Chacun l'estime par la ville.
Unis, vous pouvez être heureux. »
La belle alors, sans plus attendre :
« Hier, dans un baiser bien tendre,
Nous nous sommes promis tous deux,
Sitôt que vous serez en terre,
De nous épouser pour vous plaire. »

L'INDIEN ET LE JONC.

Un jour que sur les flots une barque rapide
Glissait comme un zéphyr sur la cime des bois,
Il advint que le ciel et les flots à la fois
    Se troublèrent. L'onde perfide
    Entraînait le navigateur.
    C'était sur le fier Amazone,
Près de l'abîme où son flot tourbillonne,
Tombe, se brise et couvre de vapeur
    La campagne environnante.
L'Indien courageux fut glacé d'épouvante,
Rien ne semblait pouvoir l'arracher à la mort.
    Un jonc qui croissait sur le bord
Se courba sous le vent, l'arrêta dans sa chute ;
Ce secours le sauva d'un trépas trop certain.
Mais lorsqu'eut fui l'orage à l'horizon lointain,
L'ingrat coupa le jonc et s'en fit une flûte.

UN MOT DE FOSSOYEUR.

On cherchait dans le sol les restes d'un grand homme,
Méconnu de son siècle, et que vingt ans après,
On avait proclamé demi-dieu. Voilà comme
On a toujours agi. Maints livres faits exprès,
Très-inutilement ont parlé de la chose.
   C'est temps perdu ; ne les imitons pas ;
   Le fossoyeur piochait à tour de bras.
Le peuple à chaque instant criait apothéose.
     Enfin un crâne se montra,
     Puis un autre se rencontra,
Qui, voisin du premier, sema la zizanie.
De quoi, bon Dieu, dépend le repos des mortels !
L'un paraissait plus propre à couver le génie.
L'autre, pourtant, offrait des compartiments tels
    Que la plus vaste intelligence,
S'y fût trouvée à l'aise. On discutait toujours,
On ne décidait rien. A bout de patience,
Le fossoyeur alors interrompt leurs discours :
    « Pour ce que vous en pouvez faire,
L'un ou l'autre, Messieurs, fera bien votre affaire. »

SATAN REMOULU.

Le diable est de toute querelle.
Deux miens cousins gascons, qu'il faisait enrager,
    Crurent pouvoir le corriger;
L'affaire était douteuse autant qu'elle était belle;
    Mais qui ne tente rien n'a rien.
    Voici comment nos gens s'y prirent.
    Meuniers tous deux, ils entreprirent
    De le remoudre bel et bien.
    Les voilà donc faisant tapage;
    On crut alors dans le village
    Qu'ils se battaient, Satan aussi,
    Il n'en était rien, Dieu merci.
    Satan parut : ils le plongèrent
    Sous la meule qui tourne au vent;
Mais le sire en sortit plus laid qu'auparavant,
    Ainsi nos gens rien ne changèrent.

L'HOMME SANS CHEMISE.

Un empereur était malade.
De quoi se plaignait-il? Nul ne savait son mal.
   Il n'était onguent ni pommade
Dont on n'eût tourmenté son corps impérial,
   Rien n'y faisait. La médecine
Perdit en ce cas-ci ses plus beaux arguments.
   Le fait arriva dans la Chine;
En France, on eût sans doute abrégé ses tourments.
   Il fut publié par l'empire
   A son de trompe et de tambour,
Que tous ceux qui savaient deviner ou prédire,
   Eussent à se rendre à la cour.
   Tous, chacun selon son mérite,
   Seraient payés argent comptant.
Et gens de tout métier, d'accourir au plus vite,
On paîrait, disait-on; il n'en fallait pas tant.
L'assurance du gain vaut mieux que l'espérance,
   Maints ont fait plus pour l'apparence.
   Le conseil enfin s'assembla.
   Le moribond à les entendre,
Devait vivre mille ans et plus, s'il avalait
Et ceci, puis cela, que chacun proposait.
   Chacun exaltait sa science,
   Traitait son voisin d'ignorant.
   Bref, on se gourma d'importance,
On les renvoya tous, pas un n'eut son argent.

Un prêtre vint qui lisait dans la lune,
Il assura qu'un dieu lui parlait dans la nuit.
« De l'amour que l'on a des biens de la fortune
    Dit-il, tant de maux sont le fruit ;
    Que doit-on faire ? Qu'on bâtisse
    Un temple au dieu qui m'inspira ;
J'en aurai la prébende avec le bénéfice,
    Et Sa Majesté guérira. »
    On loua fort son éloquence ;
    Il se fit payer par avance,
Tout va bien, pensa-t-il, en comptant son argent.
Il ajouta : « Ceci n'est pas toute la chose ;
    Et voici ce que je propose :
    Comme rapide et sûr agent,
    Pour bien terminer cette affaire,
    Du plus fortuné des humains,
    La chemise m'est nécessaire.
Ce merveilleux dictame appliqué par mes mains,
Aura sur le malade un effet salutaire.
    Allez donc par tous les chemins,
Cherchez bien, demandez ; il vous sera facile
De trouver ; il suffit qu'on fasse un peu d'effort. »
Est-il quelqu'un d'heureux ? est-il un seul asile
Qui nous puisse abriter des caprices du sort ?
Taisons-nous, cependant, de peur d'ingratitude.
    Ils allèrent chez les grandeurs,
    Que dévorait l'inquiétude ;
Puis, chez les financiers qui craignaient les voleurs,
  Chez les savants, rendus fous par l'étude.
    Ce fut partout en vain. Un jour

Près d'un bois, au détour
D'un champ couvert d'avoine,
Ils virent un manant,
Aussi joufflu qu'un moine,
Qui chantait ne s'interrompant,
Que pour embrasser sa maîtresse.
Son chant était plein d'allégresse ;
Sans souci du passé, sans peur du lendemain,
Et surtout tenant pour sottise,
Les vanités du genre humain.
Notre homme, hélas! n'avait pas de chemise.

LA CALOMNIE.

A AMÉDÉE DOUAY.

Quand nos premiers parents chassés du Paradis,
 Tristes, sur la terre inconnue,
Marchaient silencieux, courbant leurs fronts maudits,
 Une voix sortit de la nue.
Elle disait : « Partout l'ombre suivra vos pas.
 Le Seigneur a livré le monde
Aux maux dont les vertus ne le sauveront pas,
 Jusqu'au jour où l'esprit immonde
Sera détruit par lui. Mortels, résignez-vous.
 J'ai vu la calomnie affreuse
Que l'envie excitait à frapper de grands coups,
 Venir dans la nuit ténébreuse.
Les sanglots la suivaient ; son cœur est plein de fiel ;
 Elle salit ce qu'elle touche.
Elle a même lancé des traits contre le ciel,
 Nul ne peut lui fermer la bouche ;
Les traces de ses coups ne s'effacent jamais.
 Mais elle-même se déchire,   [a faits.
Ses tourments sont plus grands que les maux qu'elle
 Mortels, gardez-vous de maudire,   [chants.
Car Dieu veut qu'on soit bon, même avec les mé-
 Il est un jour pour la vengeance :
Semblable au laboureur qui moissonne ses champs,
 Il glorifiera l'innocence

Une éternelle nuit couvrira les pervers.
  Mortels, Dieu vous regarde vivre,
Gloire au plus haut des cieux et paix dans l'univers. »

  Ami, le Seigneur nous délivre
Des traits empoisonnés de ce monstre imposteur.
  Opposons-lui des jours sans taches
Et ce profond mépris que ressent un grand cœur
  Pour les âmes viles et lâches.

LE TOUR QUE JOUA FARFADET.

S'il est doux de parler, il est bon de se taire
Cependant il me faut vous compter une affaire
Qui me brûle la gorge et me ferait crier
Si quatre fois le jour je n'exhalais ma bile.
Il est sur cette terre un horrible métier,
Celui de rimailler une pensée utile
Que vous donnez au monde et qu'il ne comprend pas.
Mais ce qui bien pis est, sans insulter personne,
C'est l'orgueil insolent dont un sot assaisonne
L'obstacle immérité qu'il jette sous vos pas.
Un jeune homme avait fait une œuvre de théâtre
(Tu l'appelais, ami, Gilbert ou Malfilâtre),
Il l'offrit aux Français; chaque acteur l'admira;
S... même avait dit : Ce rôle-ci plaira;
Je le retiens pour moi. Quel succès! quelle gloire!
Aussi ce fut grand'joie au foyer de l'auteur.
C'était trop beau vraiment, je n'y pus longtemps croire,
Car rien ne sourit tant qu'un avenir menteur.
En effet, désormais tout dépendait d'un homme,
Un piètre, un envieux, sais-je comme il se nomme?
Du directeur enfin, si faible du bonnet :
Parce qu'elle était bonne, il la refusa net.
Tu le sais, plus que moi nul ne hait la vengeance.
Cependant, furieux de tant d'impertinence,
J'appelai près de moi mon lutin familier,
Farfadet si connu par maint tour cavalier

Je lui peignis mon homme et l'expédiai vite
En un certain endroit où l'on m'avait appris
    Que ce juge des beaux esprits
Devait en tapinois le soir faire visite.
    De tous les points de l'horizon
Il appela les vents, et la pluie, et l'orage.
On ne s'entendait point, tant ils faisaient tapage ;
Je crus voir un instant s'envoler ma maison.
Vous n'eussiez point laissé votre chien à la porte.
Notre homme cependant trottait, trottait, trottait,
    Et jusqu'au menton se crottait.
Mais tous les amoureux sont faits de telle sorte
Que rien ne les saurait arrêter en chemin.
Mon lutin s'était fait un bouquet d'aubépine
    Dont il donnait la discipline
Au cheval, qui déjà n'allait que trop bon train,
Si bien qu'il s'emporta Dieu sait dans quelle mare
    Où le diable se fût noyé.
    Notre homme y plongea de moitié.
Je vous laisse à juger s'il y fit tintamare.
Cependant nul ne vint, car nul ne l'entendit ;
Farfadet, qui voulait se donner du crédit,
    Lors prit les traits de sa maîtresse,
    Lui rit au nez d'un air moqueur,
Puis trois fois jusqu'au fond replongea son altesse,
Et revint à Paris consoler notre auteur.

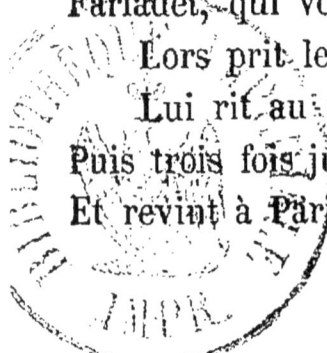

LES DEUX AVARES.

Ce bon monsieur Fesse-Mathieu
   Que l'on connaît en plus d'un lieu,
Qui prête au denier trois, et qui vendrait son âme
Si quelqu'un la voulait acheter pour dix sous,
Qui joue au petit saint et que Satan réclame,
M'aborda l'autre soir parlant d'un ton fort doux.
« Je vis hier, dit-il, jouer la comédie ;
Samson m'avait offert une loge aux Français ;
On nous donna *l'Avare.* Oh ! combien je riais...
Et c'en était le cas. Grâce à ma perfidie,
J'avais à mes côtés mon voisin l'usurier.
Quel homme ! il se ferait pendre pour un denier.
J'espérais qu'à tout coup il s'allait reconnaître :
La leçon fut perdue. Harpagon l'indignait ;
Lui, prêtait son argent et chacun y gagnait ;
   Mais enfouir était d'un traître ;
Et cent autres discours. Voici son plus beau trait
(Molière en aurait fait une pièce nouvelle) :
   Le lendemain chez Turcaret
Il jure que la veille il a vu mon portrait,
Qu'il en a ri sous cape. Oh ! l'histoire en est belle.
Vous la devez, Monsieur, conter à vos amis,
Ils s'en divertiront de grand cœur. » — Je promis.

DE CE QUE C'EST QUE L'OPINION.

Riant du monde, évitant ses clameurs,
Je vis en ours, retiré dans mon antre,
Charmant réduit où jamais l'ennui n'entre.
A mes amis j'en ai fait les honneurs.
Un étranger, un jeune capitaine
Bien fait, charmant et surtout vrai Français,
Y vint aussi ; seul je le connaissais.
Si l'on y but, vous en doutez à peine,
Mon vin est bon, nous aimons le bon vin.
Je sais combien vous blâmez ma folie,
Je la condamne et me sermonne en vain.
Fait-on toujours ce qu'on veut dans la vie ?
Je visitai ce matin Debarnoux,
Grand vaniteux qui hante la noblesse.
« De mon hussard. dis-je, que pensez-vous ? »
Et j'ajoutai : « Les margraves de Hesse
Sont ses aïeux par sa mère. — D'honneur !
Je m'en doutais, répond-il ; sa grande âme,
Ses traits hardis, son port plein de hauteur,
Son front, ses yeux, ses discours pleins de flamme,
Tout me le prouve. Est-il de vos amis ?
Qu'il soit des miens. » J'abandonnai le sire.
Vingt pas après je rencontrai Damis,
Autre faquin. Je m'empressai de dire :
« Mon beau hussard a dû vous ennuyer
Quand l'autre jour nous dînâmes ensemble,

Je l'ai connu dix ans garçon meunier;
Son père était forgeron, et je tremble
Qu'il ne vous ait martelé le bon sens...
— Eh! je l'avais deviné par sa mine,
Répond Damis; vrai fils de paysans,
Brave, mais sot, et qui sent la farine.
Je rougirais qu'il fût de mes amis. »
Vous jugez bien que je riais sous cape.
Chez Debarnoux j'expédiai Damis.
S'ils n'en font bruit, je l'irai dire au pape.

SAINT PIERRE ET LES DEUX OMBRES.

De tous vos beaux discours je comprends que bientôt
Vous vous remariez. A peine je puis croire
  Que vous ayez sitôt
  Su perdre la mémoire
De celle dont les tours vous conduisaient tout droit
Vous noyer à la Seine. Elle mourut, la dame;
Je vous croyais sauvé, quand soudain on vous voit
Courir même danger. J'en enrage en mon âme,
J'excuse les maris dont l'hymen fut heureux,
Mais que vous, vous alliez former de nouveaux nœuds,
Croyez-moi, c'est folie. Ecoutez ma sornette.
  Lorsque l'époux de Suzannette,
  Dont je vous entretins, mourut,
  Saint Pierre aussitôt accourut.
  « Frère, dit-il, ta place est prête :
Dieu l'a marquée au nombre des martyrs.
Qu'à tes chagrins succèdent les plaisirs. »
  A ces mots il ouvre la porte
  Du paradis à deux battants,
  Quand arrive un de nos traitants
  Que le diable toujours emporte.
  « Saint Pierre, laissez-moi passer,
Dit-il; j'ai tant souffert ! ma femme Rosamonde
Était un vrai lutin : nous dûmes divorcer ;
Et pour surcroît de maux j'en pris une seconde…»
Lors le saint l'interrompt : «Je ne puis rien pour vous.
Jamais le paradis ne fut fait pour les fous. »

LES DINDONS DU VOISIN.

Enfant, je te vais dire un conte.
Ton voisin avait des dindons,
Bien gras et qui semblaient bien bons.
Ton vieux cuisinier Joconte
Les eût trouvés fort de son goût.
Ils étaient heureux, voilà tout ;
C'est le secret de bien des choses.
Il advint que le perroquet,
Dont toujours le maudit caquet
Te réveille quand tu reposes,
Laissa tomber au milieu d'eux
Des plumes rouges de ses ailes.
Et ce fut des cris, des querelles
Et des combats vraiment affreux.
Le dieu Mars n'y vint pas présider en personne ;
Mais on dit avoir vu sa compagne Bellone
Qui la pique à la main, excitait leur fureur.
Le tout pour un peu de couleur.
Les combats d'Hector et d'Achille
N'étaient que jeux près de ceux-ci ;
Les vaincus n'eurent pas d'asile
Qui ne vît d'Ilion les maux en raccourci.
Les vainqueurs, se carrant, s'entretenaient de gloire.
L'air retentit longtemps du bruit de leur victoire.
Ils se traitaient de grands seigneurs,
Se disaient fils des dieux. Certains chefs de famille

Qui se rappelaient leurs auteurs,
Afin de mieux placer leur fille,
Inventèrent soir et matin
De fort beaux titres en latin
Qu'ils firent graver sur leurs armes,
Les plus petits devinrent leurs vassaux ;
Mais les grandeurs ont aussi leurs alarmes.
Quand ton voisin renouvelait ses baux,
   A ses fermiers il faisait fête,
   Et toujours quelque illustre tête
   Ornait la table du festin.
Les plus petits eurent meilleur destin.

LES GAULOIS ET LES ROMAINS.

De vieux Gaulois pleuraient leur vieille indépendance.
    Ce spectacle à Rome déplut.
    Ils furent réduits au silence,
Maint périt par le fer. Alors on résolut
    D'expédier des chefs habiles
Chez les peuples gaulois de par-delà les monts.
« Les Romains, dirent-ils, qu'à regret nous servons,
Ont dévasté nos champs, ont envahi nos villes.
Rien ne leur est sacré : les temples de nos dieux
    Sont renversés, nos plaines sont désertes.
Nous fuyons dans les bois leur aspect odieux ;
    Ils se sont tous enrichis de nos pertes.
      Non satisfait de nos malheurs,
      On nous défend encore les larmes.
Si vous ne nous prêtez le secours de vos armes,
    Pour repousser d'avides oppresseurs,
Craignez qu'à votre tour victimes de leur ruse
    Ils ne vous traitent comme nous. »
On écoute, on s'indigne et pas un ne refuse ;
    On s'armera pour le salut de tous.
Bientôt de combattants l'Italie est couverte,
Chaque guerrier accourt à se battre empressé,
Les Romains sont vaincus, leur camp est dispersé,
    Et Rome est mise à deux doigts de sa perte.
      Ce fait bien souvent arriva
      Et Rome toujours se sauva,

Non sans beaucoup de perfidie.
Mais enfin fatigué de meurtre et d'incendie,
Le monde extermina ce peuple ambitieux
Qui de son infamie avait créé ses dieux.
  C'est pourquoi sa grandeur égale
   Ses dieux et sa morale.

LE PATRE ET LA FORTUNE.

Un pâtre assis auprès d'un bois,
Comme tous les humains accusait la Fortune.
    Il avait tant de fois
Éveillé les échos de sa plainte importune
Que la déesse enfin apparut à ses yeux.
    « Tu te plains d'être malheureux
Dit-elle. — Il est vrai. — Je puis te satisfaire.
Que veux-tu?—De l'argent.—Eh bien, vois si tu peux
Traverser la forêt sans songer à mal faire ;
Les dieux veulent surtout qu'on soit homme de bien.
Au moindre mouvement ou d'orgueil ou d'envie
Qui naîtra dans ton cœur, je ne te devrai rien.
Songes-y : si tu perds, ne te plains de ta vie,
Car je t'en punirais. » Et le pâtre aussitôt
De bondir sur la route. Il cheminait à peine
Qu'il se prit à songer : j'aurai ce qu'il me faut :
Une ferme, des champs, un troupeau dont la laine
Peut rapporter, dit-on, vingt pour cent de profit ;
J'obtiendrai dès ce soir, la main de Suzannette,
Gille avec ses gros yeux en mourra de dépit. »
    Comme par un coup de baguette
La forêt à ces mots devant lui disparut
Il se plaignit ; alors la déesse accourut,
Et longtemps le suivit en lui jetant des pierres.
Mortels, le ciel est sourd à d'injustes prières.

COMMENT SATAN PERDIT UN POUR GAGNER CENT.

Le diable nous happa de toutes les façons.

Il était autrefois en beau pays de France,
    Sous le doux ciel de ma Provence,
Où Cérès à pleins poings sema l'or des moissons,
Fillette de quinze ans aux longs cheveux d'ébène.
    Un chef de bandits cavaliers
Lui dit : « Viens avec nous, tu seras notre reine. »
    La belle accepta volontiers.
Femme a toujours aimé la vie aventureuse ;
Je ne l'en blâme point, car Dieu la fit ainsi.
Bandits et cavaliers ont toujours en ceci
Près d'elle eu grand succès. La troupe était nom-
    Les voilà courant le pays.   [breuse.
Ils promenaient partout l'incendie et le crime.
    Il n'était rien que ces bandits,
    Ne crurent légitime.
    Le diable n'aurait pas fait pis,
C'était lui sous les traits d'un chef impitoyable ;
Même on dit qu'une nuit qu'il fuyait dans les bois,
    On vit ses yeux plus de vingt fois
    Jeter un éclair effroyable,
Dont la pâle lueur inondait le chemin.
    Chaque jour quelqu'un de sa troupe,
    Succombait dans un coup de main,

Puis le sire aussitôt fuyait, madame en croupe.
Ainsi montés, tous deux entrèrent dans Paris,
Car le reste avait vu les ombres du Cocyte.
     C'est un fait que Saint-Gelais cite
     Et que j'ai lu dans ses écrits.

Satan se fit jésuite et vécut d'imposture;
La belle enfant vivait de la bonne aventure
Qu'elle vendait aux gens. C'est ce qui la perdit :
Quoique jamais n'advint ce qu'elle avait prédit.
Voici comment ce fut. « Enfin le feu s'allume, »
Dit Satan un matin, plus gai que de coutume;
     En même temps il souriait.
     Ce jour-là dans la cathédrale.
     Avec sa mitre épiscopale,
     Le saint évêque officiait;
     Il y courut. « O mes chers frères,
Dit-il aux assistants, suspendez vos prières; »
Puis parlant au prélat : « Monseigneur, levez-vous.
     Satan s'est fait une bastille,
     De l'âme d'une jeune fille,
Il vous faut l'en chasser. Vengez Dieu, vengez-nous.
Entendez-vous ces cris? Hâtez-vous; la victime
Vous attend, et nos mains veulent venger le crime :
     La flamme et le bûcher sont prêts.
     Venez rendre vos saints arrêts. »
     Il disait vrai : Satan jésuite,
     Avait fait traîner à sa suite,
     Par deux cents moines furieux,
Fillette de quinze ans, aux longs cheveux d'ébène,

Qui de bandits un jour, avait été la reine.

    « Elle a lutté contre les cieux,
    Qu'elle soit livrée à la flamme! »
Criaient-ils; et l'évêque augmenta leur transport.
« Je consens, leur dit-il, qu'elle soit mise à mort;
Mais avant pour le ciel sanctifions son âme.

    Le diable aura ce qu'il pourra. »
Et la bande aussitôt de pousser un hourra
Qui fit trembler, pâlir la pauvre enfant, de sorte
Qu'elle s'évanouit et qu'on la pensa morte.

    Mais grâce aux bons religieux,
    Elle rouvrit enfin les yeux.
On la purifia d'un torrent d'eau bénite;
    Satan même aida quelque peu;
    Et lorsque l'oraison fut dite,
        On alluma le feu.

   Ce fut alors que, changeant de visage,
    Satan courut le voisinage,
Harangua deux cents gueux qui, s'armant de bâtons,
    Vinrent tomber sur les saintes cohortes,
    Qu'on entendit hurler sur tous les tons.
Bientôt de Notre-Dame on enfonça les portes,
Et jésuites et gueux entrèrent à la fois.
On s'y battit longtemps; cent moines succombèrent
    Et les autres se dérobèrent
A la mort, en fuyant au cloître Saint-François.
Cependant le bûcher se réduisait en cendre,
Et la fillette avait rendu son âme à Dieu
Sans que nul n'y songeât.

               Advint en plus d'un lieu

Trait semblable. Il n'est rien qu'on ne veuille entrè-
Pour combattre l'erreur et punir un tyran.   [prendre.
Mais voyez les partis quand vient la fin d'un an :
L'intérêt a changé, le but n'est plus le même
A peine on se souvien: pourquoi l'on s'est battu ;
Le tyran règne encor sans changer de système,
Et l'erreur par le sang croit venger la vertu.

    Mais lorsque Satan fit son compte
    Il avait gagné cent pour un,
Si notre belle avait scandalisé chacun
    Le feu la lava de sa honte.
Donc elle était à Dieu. Ce fut bien autrement.

    Quant à nos cent révérends pères,
Le diable les happa. Ce fut enseignement
    Que depuis on n'écouta guères.
Comme tout ferrailleur doit périr par le fer
Tout rôtisseur de gens appartient à l'enfer.

POURQUOI JE DÉMÉNAGERAI DEMAIN.

Demain je change de demeure :
Je n'ai pu dormir de la nuit.
   Qui dormirait par le bruit,
Que font mes voisins à toute heure?
Ils se livrent parfois entre eux
   Des combats vraiment terribles,
  Leurs vices en traits horribles
Sont peints sur leur visage affreux;
Leur cœur est un cloaque immonde;
Leur bouche vomit des serpents.
Pour éviter semblables gens
Je m'en irais au bout du monde.

   Mais que je plains de grand cœur
Le destin de certaines âmes
Que quelques sots, à mœurs infâmes
Osent corrompre sans pudeur
Sous le manteau de l'hyménée.
   Tel fit un jour mon voisin :
Sa femme était douce et bien née
Il la corrompit, l'assassin !
Car c'est ce que j'appelle un crime,
Crime plus affreux mille fois
   Que de frapper sa victime
Au cœur, dans la nuit, près d'un bois.
Il en reçut la récompense.

Un soir qu'il rentrait chancelant,
Il trouva Belzébuth, je pense,
Qui jouait rôle de galant
Avec succès près de madame.
Vous jugez si l'on s'est battu.
Notre époux y fut pourfendu
Jusqu'au bas d'un seul coup de lame,
   Le pis était qu'entre eux deux
   La ressemblance était telle
   (Grâce aux écarts de la belle)
   Que, du séjour ténébreux,
   Quand Puck craignant pour son frère,
Qu'il croyait souffrir de l'affaire,
Vint pour l'enlever, se trompa :
Ce fut le mari qu'il happa.
Mais quand sur le bord de l'abîme
Satan reconnut son erreur,
Animé d'un dédain sublime,
Il le repoussa plein d'horreur.
Depuis il roule dans l'espace
Comme un roc détaché des monts;
Le vent tourne à l'Est quand il passe
Près de la terre où nous dormons.
Quant à madame, jeune encore,
Lorsque Belzébuth est absent,
Le soir dans son appartement,
Elle introduit jusqu'à l'aurore
Certain dragon que je connais.
Belzébuth rentre plein de rage;
Alors il se fait un tapage

Comme je n'entendis jamais.
Que je chéris ma paix profonde
Et combien je hais les méchants!
Pour éviter semblables gens
Je m'en irais au bout du monde.

COMMENT MON ONCLE DEVINT PIE.

O bienheureux saint Patelin ,
Orgueil immaculé des bavards de ce monde,
Toi qui sus protéger la veuve et l'orphelin
    Le tout par charité profonde;
    Et qui plaidas aussi contre eux
    Seulement par inadvertance,
    Descends du séjour bienheureux ,
Viens, anime ma voix, soutiens mon éloquence;
Le sujet que je traite est digne des beaux vers
    De plus je crois faire œuvre pie
    En révélant à l'univers
    Comment mon oncle devint pie.
Son portrait : avocat, homme très-gros, très-court,
    Qui passait trois heures à table,
    D'une humeur vraiment détestable,
    Très-nul et de la grande Cour.

« Bonjour, maître Cotin. — Que voulez-vous, madame?
— Je voudrais bien plaider contre mon doux mari.
— La chose est fort aisée. Et vous êtes sa femme?
— Légitime, monsieur. — Vous m'en voyez marri.
Il vous faut divorcer. — Je vous dirai l'affaire...
    — Non point, il n'est pas nécessaire,
J'ai mon dossier tout prêt : monsieur rentre très-tard ;
    A des maîtresses, un bâtard,
    Ou plus, selon la circonstance,

Bat sa chère moitié, modèle de constance,
De douceur; la morale... *et cætera, et cætera.*
On plaidera, madame, et l'on divorcera.

  Voyez mon clerc, fermez la porte. »
  Tandis qu'il parle de la sorte
  Entre un monsieur plus gros que lui. [femme
« Bonjour. Que voulez-vous? Parlez. — Contre ma
Je veux plaider.—Fort bien.—J'ai le cœur plein d'ennui.

  — Nous vivons dans un siècle infâme.
— Oui, monsieur, et pour preuve...—Oh! des preuves,
  Nous en trouverons quatre mille, [je sais...
Et plus, s'il le fallait. J'ai toujours dans la ville,
  Des témoins pour tous mes procès,
  Et puis, madame se dérange,
  A des amants; amour trompé,
  Honneur trahi, conduite étrange....
La Cour nous comprendra. Je suis fort occupé,
Voyez mon clerc. Adieu. Je serai de vos noces; [clerc,
Au moins choisissez mieux. » Mais bientôt vient le
Crasseux, front bas, sans âme, et chicaneur expert.
Il entre furieux, roule des yeux atroces,
Il veut parler, il parle, et mon oncle aussitôt
Jure en l'interrompant, n'écoute pas un mot:
Ils s'emportent tous deux; mon oncle s'exaspère.
Met le clerc à la porte, et pendant huit grands jours,
  Tient le lit et se désespère.
Cependant sous les ponts l'eau poursuivait son cours.
  Enfin le jour fatal arrive,
  Il faut plaider; mais sur les bancs,
O surprise, ô terreur, que voit-il? Ses clients,

L'homme et la femme ! Il tremble et sa voix est captive.
Grand Dieu! comment plaider pour et contre à la fois?
La Cour se mouche et crie : « Interpréteur des lois,
Commencez.» Lors mon oncle .. O dieu de l'éloquence,
Je te prends à témoin du génie immortel,
Qu'alors il déploya, de sa colère immense,
    Contre le peuple pour l'autel.
Épargne à mes accents trop faibles pour sa gloire,
Le soin de retracer ce sublime discours,
Il ferait trop rougir les bavards de nos jours,
    Clio le garde pour l'histoire.
Je dirai seulement l'infâme trahison
    Du clerc qui caché sous la table,
Le tirait par la robe et, tyran implacable,
En fit tant qu'il lui fit perdre enfin la raison.
    Il parla dix heures entières.
On voulut l'arrêter : tous efforts furent vains.
Cependant on voyait s'arrondir ses paupières,
Sa bouche s'allonger, et ses bras et ses mains
S'attacher à ses flancs; il se couvrait de plumes.
Il devint pie enfin. Déjà trente volumes
    En son honneur furent écrits,
    Et les planètes dans leur course,
    Ont pu le contempler depuis,
    Entre le Chariot et l'Ourse.

LE SOUPER DU MARI.

Un mari qui s'était oublié dans les vignes,
Revint chez sa moitié qui l'attendait, la nuit ;
Il grommelait, chantait, et puis faisait des signes ;
Les voisins se plaignaient, éveillés par le bruit.
« N'ai-je rien à souper ? dit-il. — Non, mon cher
[homme,
Lui répondait la femme, attends jusqu'à demain,
Bientôt viendra le jour ; il te faut faire un somme,
Va te coucher : je vais t'éclairer en chemin. [fasse ?
— Parbleu ! je veux manger. — Que veux-tu que je
Chacun dort à cette heure, on ne m'ouvrira pas ;
Tu mangeras demain. — A la maison d'en face
Va vite m'acheter de quoi faire un repas,
Ou morbleu, nous verrons. » Et la femme tremblante,
Court, obtient en priant un peu de venaison.
Lui s'était près de l'âtre endormi dans l'attente,
Et d'un long ronflement ébranlait la maison.
Quand le repas fut prêt, bien rangé sur la table :
« Réveille-toi, Thony... le souper sera froid...
Un quartier de faisan... je le crois délectable...
Le voisin m'a juré l'avoir gardé pour toi. »
Thony n'entendait point. Une pensée affreuse
       S'empara de la malheureuse.
Le diable la tentait. Ce n'était pas loyal,
Il eût pu s'attaquer à moins faible rival,
Ce sexe pèche assez même sans qu'on le tente ;

Après une défense et molle et languissante,
La belle succomba. S'armant d'un grand couteau,
Elle approche à bas bruit de l'époux qui sommeille,
S'arrête, avance encor, frémit, prête l'oreille,
Se saisit du ragoût, en tranche un grand morceau,
Et comme épouvantée aussitôt le repousse.
Mais le premier pas fait, le second se fera,
    Et tout le reste y passera.   [rouce,
Quoique pour moins souvent notre homme se cour- .
    Il y fallut fort peu de temps.
    Mais voyez ce que fit la belle :
Elle induisit de sauce et la bouche et les dents
Du malheureux époux, puis souffla la chandelle.
Ève, sut-on jamais tout ce que ta cervelle
Enferme de malice? — Après, ce qu'il advint,
Le voici. Le matin Thony, d'un air farouche,
Demandait son souper quand la dame survint,
Jurant qu'il l'avait eu ; lui se lécha la bouche,
Parut douter du fait, puis bientôt en convint.

EXIL.

Quand l'astre du jour recommence
A darder ses brûlants rayons,
Mon œil suit sur la mer immense
Des vaisseaux et leurs blancs sillons.
Je les vois voguer vers la France,
Et redis aux flots mugissants :
Mon Dieu, garde-moi l'espérance
De ressaisir mes plus beaux ans !

J'ai dit aux gens de cette plage :
« O vous qui parcourez les mers,
Est-il plus fortuné rivage,
Pour consoler des jours amers,
Que le beau lieu de ma naissance,
D'où ma mère a fui loin de nous ? »
Mon Dieu, garde-moi l'espérance
D'y prier encore à genoux !

« Là-bas, d'où le soleil se lève,
Là-bas, d'où naissent les beaux jours,
Regardez, il est une grève,
C'est mon pays, c'est mes amours.
Mon père y guida mon enfance,
Les temps ont blanchi ses cheveux. »
Mon Dieu, garde-moi l'espérance
De l'y revoir un jour heureux !

« La nuit, sous la voûte étoilée,
Assis au milieu des moissons,
Les fils joyeux de ma vallée,
Au loin redisent nos chansons.
Comme eux j'ai connu la souffrance;
Nos chants adoucissaient nos maux. »
Mon Dieu, garde moi l'espérance
D'éveiller encor nos échos!

La fièvre en mon œil étincelle.
Oh ! je veux vivre encor un jour.
La voix de l'amitié m'appelle,
E ma sœur attend mon retour.
Ah ! quand reverrai-je la France ?
Mais si la mort ferme mes yeux,
Mon Dieu, garde-moi l'espérance
De dormir près de mes aïeux !

—

ALLONS AU BOIS.

A ROSE AEKMAN DE ROSS.

Le soleil a doré la plaine,
Et le zéphyr de son haleine
Agite la feuille des bois.
Levons-nous, Rose, avec l'aurore ;
Allons aux champs goûter encore
Mes jeux regrettés tant de fois.

Vous que je voudrais pour épouse,
Rose, assise sur la pelouse,
Vous me parlerez de bonheur.
Je me tairai pour vous entendre,
Et mon cœur saura bien comprendre
Ce que me dira votre cœur.

Ou dans les bois, sous les feuillages,
Du monde évitant les orages,
Nous attendrons la fin du jour.
Voyez combien ce chêne est sombre,
Allons dérober sous son ombre
Nos doux rêves et mon amour.

Enfin regagnant votre asile,
Le soir près du foyer tranquille,

Contents, nous parlerons de Dieu.
Quand du repos sonnera l'heure,
Je quitterai votre demeure,
Rose, et nous n'aurons point d'adieu.

Ces jours écoulés sans alarme
Longtemps épancheront leur charme,
Rose, sur tous nos lendemains.
Oui, lorsque viendra la souffrance,
Nos souvenirs et l'espérance
Nous aplaniront les chemins.

Mais où s'égare ma pensée?
Rose, vous êtes courroucée
Contre moi qui vous aime tant!
Un seul mot a pu vous déplaire.
J'eusse, si j'avais su me taire,
Fixé le bonheur inconstant.

VIVE LE VIN.

Vive le vin! vive l'amour!
Amis, aimons, trinquons sans cesse.
Bien mieux que la pourpre du jour
Ce vin rougit une maîtresse.
Eh quoi! rebelle à notre ardeur,
Lise a pu tromper notre ivresse!
Amis, pour vaincre sa froideur,
A flots versons-lui la liqueur
Dans notre coupe enchanteresse.

Buvons; le bonheur n'a qu'un jour.
Vive le vin! vive l'amour!

Vive le vin! vive l'amour!
Lise, de l'ardeur qui m'embrase,
Viens, que tous deux et tour à tour
Nous en puissions tarir le vase.
Dieux! sur ta lèvre de carmin
Un doux sourire vient d'éclore.
Je puis t'aimer jusqu'à demain.
Eh quoi! mon verre est toujours plein,
Je vide, et Lise verse encore.

Buvons; le bonheur n'a qu'un jour.
Vive le vin! vive l'amour!

Vive le vin ! vive l'amour !
Lorsqu'au ciel éclate la foudre
Et que la nuit couvre le jour,
Ou qu'un volcan vomit la poudre ;
Lorsque la voix de nos clairons
Au Russe annonce la bataille ;
Lorsque le feu de nos canons
Écrase cinquante escadrons,
Tous ces vains bruits n'ont rien qui vaille
Le choc joyeux de nos flacons.

Buvons ; le bonheur n'a qu'un jour.
Vive le vin ! vive l'amour !

MA ROYAUTÉ.

Mes amis, je veux être roi.
    Vite qu'on me couronne!
Douce pour vous sera ma loi :
    Boire est ce qu'elle ordonne.
Qu'à bien célébrer mon pouvoir
    Votre ardeur se rallume!
De vin emplissez l'encensoir.
    Qu'à mon nez l'encens fume!

D'abord à mes peuples je veux
    Tous les plaisirs pour code.
A moi vos souhaits er vos vœux !
    Encenser est de mode.
Toujours à flots versez le vin;
    Je l'aime, on le présume.
A boire on passe pour divin.
    Qu'à mon nez l'encens fume!

Au dieu qui bannit les flatteurs
    Ma muse sacrifie.
Des valets et des grands seigneurs
    Toujours je me défie.
A tout nouveau soleil levant
    Ils changent de costume,
Font du derrière le devant.
    Qu'à mon nez l'encens fume!

Vienne la dame des amours
   Qu'à régner on invite,
Messieurs, pour elle point d'atours :
   Cupidon s'en irrite.
Au léger souffle des zéphyrs
   Un beau front s'accoutume.
La perle écarte les plaisirs.
   Qu'à mon nez l'encens fume!

Dieux! qu'il serait beau si le vin
   Rougissait l'Atlantique,
Si de l'Indus au Pont-Euxin,
   De Golconde au Mexique,
La grande mer couvrait ses flots
   D'une enivrante écume!
Nous voguerions, gais matelots!
   Qu'à mon nez l'encens fume!

Lorsque mon règne finira,
   Vide sera la tonne;
De lie alors on rougira
   Mon sceptre et ma couronne.
Le verre en main, sous leurs débris,
   Que bien vite on m'inhume.
Surtout que mes peuples soient gris.
   Qu'à mon nez l'encens fume!

LA FIANCÉE.

A ROSE.

Entendez-vous? Dans le vallon
A retenti du violon
La corde vivement pressée.
Rose, c'est une fiancée.
Quand son cortége passera
Tout le village saluera.

Les chemins sont semés de fleurs.
Oyez les joyeuses clameurs.
Rose, on danse dans la prairie,
Car Jeanne à Robert se marie.
Le ciel sourit, le temps est beau.
C'est aujourd'hui fête au hameau.

Grand Dieu! Jeanne a fait un faux pas.
Non, pour elle ne craignons pas,
Rose, quelque chute fâcheuse :
Robert veille et Jeanne est heureuse.
Il lui redit des mots bien doux
Que j'ai longtemps rêvés pour vous.

L'envie a fait battre mon cœur.
Je suis jaloux de son bonheur.
Dieux! tant d'ivresse et pour un autre...
Si cet hymen était le nôtre!...
Mais vous partez. Vœux superflus!
Rose, je ne vous verrai plus.

REGRETS.

Que j'aime les petits enfants !
Tout mon bonheur passé dans leurs jeux se décèle.
Ma mère était si blonde et la plaine si belle !
Et puis j'étais si fou lorsque j'avais douze ans !
Il n'est point tout là-bas de sentier solitaire,
De sillon dans les champs, d'ombre qui désaltère
Après de longs chemins dans les prés verdoyants,
   Qui de nos pas ne porte encor l'empreinte.
Sous l'aile de ma mère alors j'allais sans crainte ;
Mais la mort l'a ravie à mes embrassements.
Puis mon front a vieilli, j'ai vu pâlir mes rêves,
Et depuis j'ai lavé mes mains dans l'eau des grèves ;
L'herbe a crû sur le seuil de mon toit délaissé ;
J'aimais de faux amis et mon cœur s'est lassé ;
L'avenir m'apparut dans un orage immense.
Qui me rendra mes jeux, disais-je en ma démence,
Et mes gais compagnons, et mes prés pleins de fleurs,
Et ma mère ?... Mes yeux se remplissent de pleurs.
Je l'aimais tant, ma mère ! Elle était douce et bonne.
Dans les longs soirs d'hiver, quand le cœur s'abandonne
Au doux effroi qu'inspire un conte ténébreux,
Elle nous souriait ; et nous, rangés près d'elle,
Mes sept frères et moi nous étions bien heureux,
Car nos âmes vibraient à la voix maternelle ;
Seul j'ai fui de son sein et Dieu m'en a puni.

Elle n'est plus. Ma sœur a fermé sa paupière ;
D'autres mains de sa tombe ont soulevé la pierre ;
Seul aussi je n'ai pu baiser son front béni !
Me pardonneras-tu, toi, ma mère adorée ?
Ma prière en ta tombe a-t-elle eu des échos ?
Sais-tu combien depuis j'ai souffert de longs maux ?
Combien de tes baisers ma bouche est altérée ?
Sur ton époux vieilli, sur tes fils dispersés,
Du sein de l'Éternel où repose ton âme,
As-tu baissé les yeux, ô noble et sainte femme ?
Sais-tu combien de jours déjà sont effacés,
Depuis que sur les flots, abandonnant la plage,
J'ai bravé l'Océan qui grondait furieux ?
Que bien triste est l'exil, que froid est ce rivage ?
As-tu prié pour nous, ô mère, dans les cieux ?
Oh ! rendez-moi, mon Dieu, ma patrie et mon père,
Et ma sœur Isabelle, et l'ami que mon cœur
    A juré d'aimer comme un frère,
Et nos chants si joyeux que nous disions en chœur.
Dût le souffle orageux qui soulève les ondes
Entr'ouvrant sous mes pas les abîmes profondes,
Y briser mon esquif près d'entrer dans le port,
Et sur la plage enfin me jeter demi-mort !

INTERROGATION.

Vous l'avouez, mademoiselle,
Hier au bois vous fûtes deux.
Jean vous aime, vous êtes belle :
Oh! combien il dut être heureux.
J'entends votre cœur qui soupire.
Eh quoi! vous ne répondez rien.
Mais qu'est-ce donc? vous étouffez de rire.
Oh! cela, Lise, n'est pas bien.

Votre bras plus blanc que la neige
Pendait à son bras; votre cœur
Ému battait bien fort; que sais-je?
Peut-être même aviez-vous peur.
Ou, plus folâtre qu'un zéphyre,
Avez-vous fui doux entretien?
Mais qu'est-ce donc? vous étouffez de rire.
Oh! cela, Lise, n'est pas bien.

Lui, penché sur l'eau des fontaines
Qui reflétait vos traits charmants,
Disait que douces sont les chaînes
Qu'amour impose à deux amants.
Il n'est au monde, osez le dire,
De cœur plus ardent que le sien.
Mais qu'est-ce donc? vous étouffez de rire.
Oh! cela, Lise n'est pas bien.

La nuit commençait à paraître;
Vous revîntes seule au hameau;
Vous aviez perdu sous un hêtre
Les rubans de votre chapeau.
Jean que rend fou votre sourire
Aux champs promenait votre chien.
Mais qu'est-ce donc? vous étouffez de rire.
Oh! cela, Lise, n'est pas bien.

J'ai su ce qu'on dit au village.
Robert au bois vous attendait.
Que se passa-t-il sous l'ombrage?
Le fait déjà n'est plus secret.
Le traître qu'on devrait maudire
Vous a dérobé votre bien.
Vous rougissez et vous cessez de rire.
Oh! cela, Lise, n'est pas bien.

A MILORD *****.

Faquin dont le char m'éclabousse,
Futur membre du Parlement,
Milord, mon orgueil te courrouce,
Tant mieux ! qu'il soit ton châtiment.
Que me font, à moi, tes échasses ?
J'ai pour mère l'humanité.
Adonc, souviens-toi quand tu passes
De saluer ma pauvreté.

Sais-tu ce qui fit tes richesses ?
Jadis des brigands valeureux,
Maîtres de quelques forteresses,
Nids de vautours aux crocs affreux,
Couraient les bois et les campagnes,
Pillaient, brûlaient ; puis, soûls de sang,
Donnaient des fils à leurs compagnes
Qui s'alignaient au même rang.

Il n'est de si pauvre province
Qui ne dise encor chaque jour,
Ce qu'a fait tel duc ou tel prince,
La nuit, près de tel carrefour.
Mes aïeux perdus dans la foule
Ont été volés par les tiens.
J'écrase ton pied qui me foule,
Milord ; au peuple j'appartiens.

A tes valets qui te ressemblent
J'ai dit : Cet homme fait pitié!
Les fous qu'autour de lui rassemblent
Ses biens qu'ils pillent de moitié,
Si demain couché dans la tombe,
Pour leur débauche il ne peut rien,
Ils riront tous; moi si je tombe,
Je serai pleuré par mon chien.

DONA SOLE.

BALLADE, POUR EMMA.

Dépouillez les coteaux
Du pampre qui s'incline;
Éveillez les échos
Bruyants de la ravine.

Décorez mes parvis;
Qu'au front des jeunes filles
S'enlacent les épis
Tranchés par les faucilles.

J'éparpillerai l'or,
Car je suis grand d'Espagne,
Et j'ai mon château fort
Au flanc de la montagne.

Hier, lorsque la nuit
Descend silencieuse,
Près du torrent qui fuit,
J'ai vu belle et rieuse,

Dona Sole que j'aime.
Elle parlait si bas,
Si bas que l'écho même
Ne se réveilla pas.

Malgré l'eau qui murmure
Et la brise du soir,
J'entendis sa voix pure
Me dire un chant d'espoir.

Demain dans la chapelle
Je serai son époux.
Dona Sole est si belle!
Et son chant est si doux!

Don Alphonse a promis,
Pour corbeille à sa fille,
Ses joyaux de rubis,
Son duché de Castille.

Moi j'apporte en retour
La faveur du roi Charles,
Ma noble Estramadour
Avec ma cité d'Arles.

Dona Sole en tous lieux
Où s'étend ma puissance
Versera mes vins vieux,
Sèmera l'abondance.

Dépouillez les coteaux
Du pampre qui s'incline;
Éveillez les échos
Bruyants de la ravine.

A MADAME JANETY.

Vos cartes m'ont prédit un bonheur incertain,
Poëme aimé du peuple, amour ou diadème.
Mais plus que tout cela savez-vous ce que j'aime,
    Et dont n'a rien dit mon destin ?

C'est tout ce que pour moi vous avez de tendresse.
Quel fils eut de sa mère obtenu plus d'amour?
Vous me montrez du doigt l'abîme où sans retour
    S'égare ma folle jeunesse.

Et jamais un reproche amer ou sans pitié
N'a mêlé, pour frapper, le conseil à l'outrage.
Vous me tendez la main lorsque gronde l'orage.
    Merci ! j'ai besoin d'amitié.

Si bien qu'après avoir écouté vos reproches,
Je suis calme en mon âme, en mon cœur je suis fort.
Demain, oh ! oui, demain, en m'éloignant du port,
    Instruit, j'éviterai les roches.

CE QU'UN ANGE A PRÉDIT A JEANNE.

Un mari soupçonnait sa femme
  De trop aimer le voisin,
    Son cousin.
Il voulut tenter la dame,
  Enfin savoir la vérité.
Un jour il vint avec gaîté
  Lui conter qu'à l'église
Jeanne avait dit une sottise.
(Or Jeanne était sœur du curé
Et n'avait menti de sa vie;
Aussi son dire était sacré :
D'en douter nul n'avait envie.
Elle crut donc ce que Jeanne avait dit.)
Notre homme : « Un ange à la belle a prédit,
  Et l'ange tiendra sa promesse,
  Que dimanche après la grand'messe,
    A tout mari trompé
    Naîtront deux cornes jaunes,
  Longues chacune de six aunes.
Je crains, ajouta-t-il, qu'il soit fort occupé,
  Tant nos femmes ont de malice.
Qui ne tremblera point quand finira l'office?
  Car l'ange n'en doit excepter
  Qu'un seul, sa femme étant fidèle. »
  Lors sans plus écouter :
  « Qui donc est-il? » demanda-t-elle.

CE QUE J'AIME.

Que j'aime, sous les cieux quand la foudre étincelle,
Abandonnant ma voile au souffle des autans,
Faire glisser, la nuit, ma rapide nacelle
    Sur les flots inconstants !

Qu'importe que les vents grondent avec furie ?
Hardis, sur l'Océan nous voguons loin du port,
Et mêlant ma voix sombre à sa sombre harmonie,
    J'aime à braver la mort.

Puis lorsqu'avec les vents s'est dissipé l'orage,
Que sur le sable enfin j'imprime encor mes pas,
J'aime à jeter un nom à l'écho du rivage
    Qui le redit bien bas.

C'est qu'il est une fille, une fille que j'aime
Plus que ma liberté, mes jours sans lendemain,
Bien moins que vous, mon Dieu, mais bien plus que
    Et dont j'aurais voulu la main. [moi-même,

VITELLIUS CHANGÉ EN COCHON.

C'était au temps des grandes saturnales,
Rome retentissait d'infâmes bacchanales,
   Et l'esclave pendant trois jours (1)
  Brisant ses fers, ordonnait à ses maîtres,
  Et plein d'orgueil lui vantait ses ancêtres,
Par le Brenn excités, incendiant ses tours.
On voyait la canaille en courant crier : « Gare !
Place à Vitellius ! un festin se prépare
   Près du temple de Jupiter. »
Vitellius suivait, porté par vingt esclaves,
   Et d'autres de parfums suaves
L'encensaient en hurlant des chants faits pour l'enfer.
Or, ce Vitellius était fameux dans Rome ;
Le peuple l'appelait le tribun gastronome ;
La nuit il s'enivrait, hantant les mauvais lieux,
Et l'on dit que souvent au sortir d'une orgie,
Des vins de Formia (2), la lèvre encor rougie,
  Il insultait au monarque des dieux ;
  Mais bien qu'alors il fût paralytique
On avait ce jour-là des vins du mont Massique (3),
   Et des restes encor fumants
   De la chair des grands sacrifices,

(1) Elles commençaient le 17 décembre et duraient trois jours.
(2) Vin vanté par Horace.
(3) En Italie.

Préparé pour lui seul un repas où ses vices
Devaient être étalés aux regards des passants.
Ce fut terrible à voir que ce mangeur énorme.
En vain du corps humain on recherchait la forme
   Sous son manteau de pourpre brodé d'or.
Trois fois il ordonna l'eau tiède préparée,
Et trois fois rejeta la chair inaltérée,
    Et se prit à manger encor.
Ses veines se gonflaient. — Une teinte livide
    S'étendit sur son front aride
    Et son corps tremblant chancela;
    On le vit tomber sur sa couche (1),
Un torrent de sang noir découla de sa bouche
    Et sa vie alors s'exhala.
    Ce fut pour Rome un grand exemple.
Mais voilà que soudain retentit dans le temple
    Le bruit de longs gémissements;
Le cadavre se meut, dans la fange il se roule,
Sous la forme d'un porc il traverse la foule
Et disparaît, poussant d'horribles grognements.

Avez-vous comme moi conservé la mémoire
Du jour où de manger beaucoup vous fîtes gloire
On croyait que jamais vous n'eussiez achevé.
Je ne l'invente point, le fait est authentique,
Même je vous fis prendre alors de l'émétique.
    Malpeste, vous eussiez crevé !

(1) Ils mangeaient sur des lits.

PROJETS POLITIQUES.

— Vous en parlez, Monsieur, tout à votre aise.
— Je fais ce que je dois : la patrie avant tout.
  — Fort bien. Assis sur votre chaise
Vous arrangez le monde à votre goût.
Nous subjugnons l'Europe et traversons l'Asie ;
  Suivant le cours de notre fantaisie ;
  De là bien vîte, avec cinq cents vaisseaux,
Car nous serons les maîtres sur les eaux,
   Nous touchons aux deux Amériques ;
   Nous obligeons cent républiques
   A nous livrer leurs arsenaux.
Les trésors du Pérou, de l'Inde et de Golconde
   Ayant enflé notre faconde,
Nous allons en Afrique achever nos travaux.
  Devers les monts où le Nil prend sa source
   Nos gens précipitent leur course ;
Tout est dompté, détruit, le monde est à genoux ;
Nous sommes généreux, nous pardonnons à tous ;
  Nous élevons un temple à la Fortune ;
Mais bientôt nos guerriers veulent d'autres combats :
Il n'est plus d'ennemis. Eh, que n'irions-nous pas
   A la conquête de la lune ?
— Vous croyez plaisanter. Je rédige le plan
   D'une république nouvelle :
C'est mon rêve, ma fille, et qu'elle sera belle !
Pour l'établir il me faut moins d'un an.

Il n'est point de bonheur que chez nous on espère
   Qui par mes soins n'habitera la terre;
   C'est un travail vraiment original.
   Vous le lirez demain dans mon journal.
     Quelque sept à huit cent mille hommes
   Bien équipés marcheront vers le Nord?
—Il faudra donc du sang! — Dans le temps où nous
   Obtient-on rien par un paisible accord?   (sommes
Les hommes ont assez croupi dans l'ignorance.
Voyez-les; chaque jour ils s'égorgent entre eux.
Nous devons les contraindre à devenir heureux
— Le beau raisonnement! et j'en vois l'évidence.
   L'épée au poing, sur un fier palefroi,
Vous guidez nos héros.—Non pas, Monsieur.—Eh quoi,
   Auriez vous peur? — Bon chien chasse de race.'
     — C'est vrai. Je vois ce qui se passe.
   La nation vide ses coffres-forts;
Huit jours ont dévoré les fruits de vingt années,
Et comme chaque pas veut de nouveaux trésors,
     Pour accomplir de hautes destinées,
Vous donnez tous vos biens.—Vous m'échauffez le sang
     Qui vous parle de mon argent?
     — Vous me feriez mourir de rire.
     Faut-il vous le déclarer net?
     De vous on commence à médire;
     Vos rêves creux de cabinet
     Donnent partout la comédie;
Vos talents vous ont fait de nombreux ennemis.
     Craignez tout de leur perfidie;
Votre repos déjà n'est que trop compromis.

Quant à vos projets de conquêtes
J'y reviens. J'assistais un jour
A l'une des brillantes fêtes
Que souvent on donne à la cour.
Deux jeunes gens eurent querelle.
« Demain je vous tuerai, marquis, » disait l'un d'eux.
Mais l'autre répondait : « A quoi bon tant de zèle ?
Monsieur semble oublier qu'alors nous serons deux. »

RÉSIGNATION.

Comme avant de quitter la plage
Le nautonnier du haut des mâts
Regarde au loin s'il ne voit pas
Les flots soulevés par l'orage,
Je regarde mon avenir.
Des fruits d'or parsèment ma route,
Pas un ne semble se flétrir.
Ah! Dieu me protége sans doute.
Et puis j'ai déjà tant souffert,
Sans une main qui me caresse!
Le bonheur m'est enfin offert;
Puisse-t-il me rester sans cesse.
Mais si le ciel voulait encor
Briser ma barque sur la grève,
Je m'écrierais : Dieu du Thabor,
Que votre volonté s'achève !

LE VIEILLARD ET LES DEUX ENFANTS.

Deux enfants dirigeaient une barque légère,
L'onde sous l'aviron grondait avec colère ;
Mais la jeunesse est folle ; ils fuyaient loin du bord.
Un vieillard dit : « Enfants, le temps est gros d'orage.
Le flot plus tristement vient frapper le rivage,
    Gardez-vous de quitter le port. »
Mais la barque toujours plus rapide s'élance,
    Et fait l'effroi des matelots.
Il reprit : « Mon navire a sillonné ces flots,
    Croyez-en mon expérience ;
    Bientôt la foudre éclatera. »
Le vieillard eut raison : la pirogue sombra.

IL ÉTAIT SI PETIT !

Une baronne, ô ma Julie,
Qui se confesse tous les mois,
Prit hier servante jolie,
Que l'on disait sage, et je crois,
Qui souvent allait à la messe
Où je vous vis en satin blanc,
Plus belle que cette princesse
Dont je vous entretins souvent
Dans ce charmant conte de fée
Où l'on ne parle que d'amour.
Ce matin, à peine levée
(J'entends vers le milieu du jour),
La dame apprit, chose effroyable,
Et qui la scandalisa fort,
Que d'un *bambino*, depuis mort,
La fille avait été coupable.
Elle lui fit un gros sermon
En quatre points fort insipide.
« J'aurais couvert de mon pardon,
Cria-t-elle, un aveu candide. »
La servante alors repartit :
« Madame. il était si petit! »

COMMENT UN MOINE DÉLIVRA DES AMES

DU PURGATOIRE SANS EN ÊTRE PAYÉ.

Je vous écris, ô mon ami,
De petits vers sans importance,
Qui ne sauraient, comme je pense,
En aucun point porter offense
A votre cœur trop affermi
Dans les principes qu'il professe.
Mais j'aime à rire : c'est faiblesse,
Vous m'en grondez, je le sais bien,
Sans cependant y changer rien.
Eh bien, oui, je vous le confesse,
Je suis un fort mauvais sujet
Et j'abandonne mon projet
De vous écrire avec tristesse
Un conte pour vos petits saints,
Que je n'ai jamais su comprendre
Et dont j'ignore les desseins.
Je parle, cherchez à m'entendre :
C'était au temps qu'un Alexandre
Était pape, et que dans Paris
Se vendaient à qui voulait prendre
Les indulgences à bas prix.
Chacun entrait en paradis
Pour un denier ou moins encore;
Aussi voyait-on dès l'aurore

Les moines courant les marchés.
Ces gens remettaient les péchés,
Ou, si nous en croyons l'histoire,
Tiraient des feux du purgatoire,
Pourvu qu'on les en payât bien,
L'âme de quelque grand vaurien.
C'était acte très-charitable,
Ceux qui les en blâment ont tort;
Ce moyen me conviendrait fort
A moi qui suis si grand coupable.
L'un d'eux donc un jour vit venir
Vers lui seigneur à beau plumage;
Il l'aborde et bientôt l'engage
Par ses discours à secourir
Quelques-unes des pauvres âmes
Que l'on épure par le feu.
Celui-ci s'en défend un peu,
Puis enfin jette sur les flammes
Un écu d'or, puis deux, puis trois;
Notre bon moine à chaque fois
S'écrie : « Une encor de sauvée. »
Quand ils furent au nombre dix :
« Quoi! pour obtenir mainlevée
Et faire entrer en paradis,
Un seul écu suffit, mon père? »
Demande le donneur d'argent.
L'autre répond : « Assurément,
Et jamais, quoi qu'on puisse faire,
Ces âmes ne retourneront
Où les coupables rôtiront!

— Jamais ! Eh bien donc, mon bonhomme,
Je reprends et garde ma somme,
Les pauvres en profiteront. »
Le moine ne sut point que dire,
Et maint passant se mit à rire.

LE LAMBEAU DE CULOTTE.

La feinte est parfois dangereuse,
A dit quelqu'un du bon vieux temps,
Auteur d'une histoire amoureuse
Écrite pour les jeunes gens.

Le diable tourmente les filles.
Suzon voulait aller au bal.
La belle était des plus gentilles.
Pour moi, je n'y vois point de mal.

Mais son confesseur, frère Gille,
Et sa mère qui la gardait,
Lui démontraient que l'Évangile
Grandement le lui défendait.

Savez-vous ce que fit la belle?
Elle mit fort adroitement
Un mannequin aussi gros qu'elle
Dans son alcove, et promptement

Elle s'enfuit par la fenêtre.
Le tour vraiment n'est pas nouveau.
Ce que vous ignorez peut-être
C'est qu'un bien tendre jouvenceau

L'attendait caché sous un orme.
Le ciel alors était si noir
Que tout s'égalait par la forme,
Et qu'à peine on y pouvait voir.

La belle, je crois, fut heureuse,
J'ignore ce qu'il en advint,
Mais la chronique scandaleuse
Dit qu'elle avait quinze ans, lui vingt.

Je ne sais ce qu'on voulait dire,
Mais quand on citait ce point-ci,
Chacun se mettait à sourire
Et moi je souriais aussi.

Quoi qu'il en fût, l'anachorète,
Qui savait par cœur bien des tours,
Entra la nuit dans sa chambrette
En faisant patte de velours.

Jugez quelle fut sa surprise
Quand il ne vit qu'un mannequin.
En ruses, dit-il, près de Lise
Satan ne serait qu'un faquin.

Mais je vous veux jouer d'un autre,
Qui vous fera trembler un peu,
Notre salut dépend du vôtre,
Belle, et garde à vous de par Dieu.

Il prit la peau d'une génisse
Qu'on eût offerte au dieu Pluton,
S'en couvrit comme d'un cilice
Et s'attacha barbe au menton.

C'est affublé de cette sorte,
Une longue fourche à la main,
Qu'il se cacha près de la porte,
Les yeux braqués sur le chemin.

Vers le minuit la belle arrive,
A petit bruit, à petits pas,
Comme ferait nymphe craintive
Qui tremblerait pour ses appas.

Mais voilà que dans les ténèbres
Un grand cri retentit soudain,
Si bien que les oiseaux funèbres
S'envolent vers le bois voisin.

On s'agite, on s'arme, on s'assemble ;
Les varlets et notre amoureux
Se précipitent tous ensemble,
Émus d'un dessein généreux.

Alors commence une bataille
Dont la nuit augmente l'horreur
Mais le bon frère était de taille
A ralentir leur trop d'ardeur.

Pourtant, il ne put si bien faire
Qu'il n'y laissât quelques lambeaux.
Et qu'on ne sût partout l'affaire,
Dont rirent maints godelureaux.

Le pis est que dans la mêlée
Il crut n'être pas reconnu
Et qu'il courut dans la vallée
Conter qu'un diable biscornu

Était venu tenter les filles
La nuit qu'on dansait au hameau,
Et que les gars, sous les courtilles,
Avaient vidé leur vin sans eau.

Quelqu'un, aux mœurs fort peu dévotes,
Lui dit : « Il vint chez vous aussi,
Car il avait pris vos culottes,
Témoin le lambeau que voici. »

A SOPHIE.

T'en souviens-tu, Sophie ?
Quand j'étais jeune encor
Je t'avais de ma vie
Donné les rêves d'or.

J'étais pauvre, et toi belle
Et riche, et je t'aimais.
J'ai bien souffert, cruelle.
Toi, m'aimas-tu jamais?

Tiens, parfois quand je pense
A mes vingt ans, à toi,
Je sens que ma souffrance
Pourrait renaître en moi.

Quand j'allais dans ta rue
Rôder comme un voleur,
Tout mon sang à ta vue
Me refluait au cœur.

Tu l'ignores peut-être,
Par la pluie et le vent
J'allais sous ta fenêtre
Pleurer comme un enfant.

Qu'aurais-tu m'oser dire
En me voyant ainsi?
T'aurai-je fait sourire
Ou bien pleurer aussi?

Car j'étais vraiment lâche,
Mais mon cœur souffrait tant
Et toujours sans relâche.
Il a guéri pourtant.

Si je mens que je meure :
Un jour que tu passas
Auprès de ma demeure
Il ne remua pas.

Tu suivais l'avenue.
Le croirais-tu? mes yeux
Ne t'ont pas reconnue...
Eh bien, j'ai dit tant mieux!

C'est que dans ma pensée
Bien souvent je te vois
De mes bras enlacée
Belle comme autrefois.

Mais tu n'es plus, Sophie,
La blonde que j'aimais;
Celle que de ma vie
Je n'oublierai jamais.

COMMENT PIERRE EUT LE DIABLE AU CORPS.

Monsieur Pierre a le diable au corps ;
Il bat sa femme sans remords ;
C'est en vain qu'on le voudrait taire,
Ce n'est déjà plus un secret,
Chacun en glose au cabaret
Non sans pourtant broder l'affaire
De maints détails qui vont croissant
Outre mesure, en avançant ;
Je ne doute en aucune sorte,
Tant les mensonges vont leur train,
Qu'Adèle demain ne soit morte.
Quoique bien mauvais soit le grain,
Il l'est bien moins qu'on ne l'assure,
Mais le monde vit d'imposture,
Beaucoup ont écrit là-dessus.
A-t-on changé la voix publique ?
J'y crus jadis, je n'y crois plus.
Le seul fait qui soit authentique
Et que nul encor ne connaît
C'est que Pierre un soir cheminait
Près d'un couvent de carmélites,
Lorsqu'il crut sentir le roussi.
Ce qui se passait le voici :
Nos moines, gens de hauts mérites,
Et que trop souvent tourmentait
Le démon de la gourmandise,

Avaient reconnu qu'il était
Urgent pour l'honneur de l'église
Qu'on se défît du tentateur
Aussitôt qu'il serait possible.
Le sire semblait invincible ;
Mais que ne peut point la ferveur
Mêlée à beaucoup de malice ?
On fit préparer dans l'office
Un grand chaudron sur un brasier.
Ce qu'il contenait, il n'importe.
Le ragoût était fait de sorte
Que l'on se sentait au gosier
Venir un appétit énorme.
Vatel en eût vanté la forme.
On avait aussi tout le jour
Versé l'eau bénite à l'entour
A plus de cent pas de distance ;
Puis on avait sur le chaudron
Mis un couvercle de bois rond
Sur le fléau d'une balance,
De sorte que le moindre poids
Lui ferait faire la bascule ;
Nos moines qui se tenaient cois
Guettaient armés de leur férule.
Sitôt que le diable sentit
Dans l'air un parfum de cuisine
Qui s'échappait, comme j'ai dit,
D'une retraite capucine,
Il ouvrit la bouche et les yeux.
« Que vois-je ? Est-il donc vrai ? grands dieux !

Nos carmes rompent l'abstinence
(C'était alors les Quatre-Temps),
Je veux ma part de leur pitance
Ou j'y perdrai mes bonnes dents. »
Cela dit, il franchit l'espace.
Quand sur l'eau sainte il mit l'orteil
Il fit une horrible grimace.
Jamais il ne fit saut pareil
A celui de ce jour funeste.
Alors pour achever le reste,
Nos capucins de tous côtés
Ferment le cercle d'eau bénite,
Et de grands coups non frelatés
Font de son dos un dos d'ermite.
Le cercle allait rétrécissant :
Pour échapper à ce supplice
Satan se saisit d'un cilice
Dont il se couvre en bondissant ;
Puis gagnant le centre du cercle
Il se pose sur le couvercle
Qui tourne et précipite enfin
L'esprit du mal dans la chaudière.
Ce fut à ce moment que Pierre
Qui chancelait ivre de vin,
Entra dans l'enceinte sacrée
Sans qu'on le sut, et courut voir,
Comme il le crut de son devoir,
Si le gigot ou la purée
Brûlait sur un feu trop ardent.
Que l'homme est parfois imprudent !

Qui boit beaucoup ne mange guère.
Cependant le pis de l'affaire
Est que le rustre y mit les doigts,
Et puis les lécha pour connaître
Quel ragoût cela pouvait être.
Ce qu'il fit trois ou quatre fois,
Tant l'appât fut irrésistible.
Ce cas eut un effet terrible :
Depuis Pierre a le diable au corps
Qui fait jouer tous ses ressorts,
De telle sorte que notre homme
Souvent bat sa femme ou l'assomme;
Il boit, je le sais trop, parbleu,
Il a toujours la gorge en feu.

STRATAGÈME DE SAINT JUST.

Saint Just un jour dit à sa fille :
« Je te défends d'aimer cet homme que voici. »
Or, c'était un garçon de très-bonne famille,
Mais saint Just agissait prudemment, Dieu merci.
Il ajouta : « Voici l'époux que je te donne. »
Ce dernier, né joufflu, de famille gasconne,
Était sot, vaniteux, grand joueur, grand menteur,
    Surtout dangereux séducteur.
Saint Just le détestait à l'égal de la peste.
    Tout réussit fort bien du reste.
    Car un mois à peine écoulé,
La belle déclarait dans un désordre extrême,
    Vouloir épouser celui même
      Qu'on voulait exiler.
    Le père en parut désolé,
    Quoiqu'il en fût joyeux dans l'âme.
   Il se hâta de couronner leur flamme,
    Comme on disait encore alors.
Il avait poliment mis le Gascon dehors.
    En amour comme en politique,
   Ordonnez blanc, vous aurez noir.
C'est ainsi : par instinct on résiste au pouvoir,
    Surtout au pouvoir despotique.

CE QU'IL ADVINT LE JOUR DE LA SAINT-AUGIVRE.

J'ai lu, je ne sais dans quel livre,
Le conte absurde que voici.
C'était un jour de saint Augivre.
Saint, dit-on, plus connu jadis qu'en ce temps-ci.
On avait dans la cathédrale
Construit une arche triomphale :
L'archevêque y devait bénir les assistants,
La cloche au loin jetait ses joyeuses volées,
Et de nos riantes vallées
En grand nombre accouraient les joyeux habitants.
Avant eux les beaux de la ville,
Bien attiffés, étaient arrivés à la file.
Et siégeaient sur les premiers bancs.
Quand l'archevêque en fut au prône,
Plus d'un cotillon de satin
Avait pressé plus d'un gant jaune.
Ce jour-là monseigneur y perdit son latin.
Même il rougit longtemps de honte.
Ceci doit être vrai. Lors, poursuivait le conte,
Le prêtre et l'assemblée, en détournant les yeux,
Virent, devinez quoi ? Satan qui, furieux,
Épiait jusqu'au moindre geste
De ceux dont la prière est une injure au ciel,
Et sur un parchemin qui répandait la peste,
Écrivait tous leurs noms d'un brouet fait de fiel.
Déjà les noms maudits couvraient la feuille entière,

Satan parut songer, quand soudain triomphant
Il en saisit le bord sous vingt crocs d'éléphant,
Gonfle tous ses vaisseaux, se replie en arrière,
S'allonge... Il fit si bien que la feuille éclata,
  Et voilà les cornes du diable
S'enfonçant de trois pieds et même par delà
Dans un mur de granit. Par un *ouf* effroyable
Dont l'orgue retentit en longs mugissements,
  Il fit trembler la cathédrale
  Sur ses antiques fondements.
Mais du haut de la chaire archiépiscopale
Tombe un *libera nos* dont Satan est troublé.
  Sous une larme d'eau bénite
  Il succombe enfin accablé,
Et disparaît aux yeux de la foule interdite.
Il avait après lui laissé son parchemin.

  Mon voisin ne fut pas plus sage.
  L'argent lui pleuvait dans la main,
  Il voulut avoir davantage.
  Il perdit tout ce qu'il avait.
Je l'aimais bien pourtant et j'ai dit : c'est bien fait.

COMMENT SATAN QUI VOULAIT SÉDUIRE FUT SÉDUIT.

Hier on me conta le tour
Que le diable chez ma voisine
Prétendit jouer certain jour,
A Marthon, fille de cuisine,
Dont les yeux bleus sont très-jolis,
Le cœur très-tendre et l'esprit sage,
Et que courtisait certain page
Des mieux tournés, des plus polis.
Satan donc s'était mis en tête
De la séduire et s'en moquer après,
Comme vous fîtes à peu près
De votre dernière conquête,
Très-révéré baron. Eh! ne savez-vous pas
Que vous tentez souvent le diable,
Que sa conduite est moins inexplicable
Que la vôtre dans certains cas?
Témoin, l'affaire d'Isabelle.
Elle mourut; vous en riez.
C'est ce qu'en vos lambris on nomme bagatelle
Et dont vous vous glorifiez,   [crime.
Mais chez nous, gens de rien, c'est ce qu'on nomme
Qui sait qui de nous a raison?
Je vous sermonne hors de saison;
Mais n'en accusez que la rime,
Et revenons à notre fait.

La belle enfant avait un démon pour maîtresse,
Cotillon de satin, grands airs, cœur de tigresse,
Bras dodu, jambe fine et visage parfait,
  Satan revêt toutes les formes
  Quand il en veut à la pudeur,
  Surtout celle de grand seigneur,
Et seulement alors frappe ses coups énormes.
  Comme il n'en voulait qu'à Marthon ,
  Afin de mieux tromper la belle ,
D'un valet de marquise il prit l'air et le ton.
Il était fait au tour, bien planté, vrai modèle.
  Le fait est qu'il était si beau
  Qu'un jour la dame du château
  Pensa crever de jalousie.
  Marthon se moqua de tous deux,
  Joua si bien la comédie
Que Satan crut enfin qu'on le ferait heureux.
Le beau page en secret dirigeait sa conduite,
Et ce couple bientôt s'éclipsa tout entier.
Satan couvert de honte allait prendre la fuite ;
  Mais il sait moins de son métier,
  Que femme impure qui nous tente.
Le croirait-on ? Madame a séduit Lucifer,
  Ce dont jamais il ne se vante
  Et dont encor rougit l'enfer.
  Ils vécurent trois mois ensemble,
  Et ce fut longtemps, ce me semble,
Car jamais les méchants ne s'accordent entre eux.
  Le sire était fort malheureux.
  C'était toujours nouvel orage,

Querelle et grand remue-ménage.
Si bien qu'un jour il disparut,
Retourna dans son gouffre et prit trente cohortes,
Leur fit garder toutes ses portes.
Madame, hélas! hier mourut,
L'enfer a repoussé son ombre;
Et comme la nuit était sombre,
Un pâtre qui venait des champs
La vit tout là-bas dans la plaine
Qui glissait en longs habits blancs.
Le ciel ait pitié de sa peine!

COMMENT SATAN DEVINT GARGOUILLE

L'abbé Saint-Leux de Cunégonde
Prétendit réformer le monde,
Il fut moqué, sifflé, berné,
Et puis enfin assassiné.
Ce ne fut point tout; la chronique
Nous l'a dépeint grand fanatique.
Envieux, cruel, imposteur.
N'est-ce pas qu'il est doux d'être réformateur
Mais ce que la chronique injuste
N'a point marqué dans ses écrits,
Et qui chez nous les beaux esprits
Eût fait un séraphin de sa personne auguste,
C'est le tour qu'il joua certain soir à Satan
Entre deux pignons d'une église,
Sur les terres de Carentan.
Certe il n'est rien que Rome n'autorise
Contre l'enfer et tous ses habitants;
Il employa des moyens éclatants
Dignes des plus grands saints. Je vous dirai l'affaire :
On bâtissait au monastère
Où saint Leux habitait avec ses compagnons,
Sur le toit d'une église, entre deux hauts pignons,
Une tour à forme gothique,
Dont les cloches dans les grands jours
Devaient porter aux alentours
L'heure d'une oraison publique.

Matériaux venaient de tous côtés,
Et les piliers montaient, montaient sans cesse,
Ce que Satan voyait avec tristesse,
Ses gens et lui se verraient déboutés
  Par l'eau bénite et l'exorcisme,
  Sitôt qu'on irait prier Dieu ;
  On apprendrait au catéchisme
  Qu'il faut éviter certain lieu,
  Certain propos, certaine chose ;
  De plus, que lui seul était cause
  De tous les péchés d'ici-bas,
  Ce qui ne lui conviendrait pas,
  Comme aisément vous pouvez croire.
Voici donc ce qu'il fit. Le beau sire après boire
Venait, accompagné de deux mille astaroths,
  Ronds pour avoir vidé les pots,
  Faire leur eau parmi les pierres,
  Puis en riant fuyaient dans les clairières.
  De sorte que, quand la nuit revenait
Endormir les mortels sous sa main caressante,
  Toute la tour s'illuminait
  D'une lueur phosphorescente.
  Nul n'osait plus passer par-là :
L'un racontait ceci, puis un autre cela :
  C'était venir la fin du monde.
Cependant les travaux continuaient leur cours.
Il n'est de saint projet que le ciel ne seconde ;
  Et ce fut grâce à ses secours
Que la cloche un matin jeta dans la vallée
  Bien loin sa première volée ;

La foule accourut au couvent.

Satan s'enfuit alors les yeux baignés de larmes,
Assembla tous les siens, leur conta ses alarmes :
On jura qu'on ferait par la pluie et le vent
Sauter la tour en bas. Mais saint Leux sut l'affaire,
     Il assembla le monastère,
Publia qu'en secret on allait concerter,
Espérant que le diable y viendrait écouter.
Il y vint en effet. Saint Leux prit la parole :
« Mes frères, leur dit-il, vos travaux sont finis,
Jusqu'à la fin des temps que les cieux soient bénis,
Satan est terrassé ; que Satan se console,
D'autres sans nous chez lui serviront de fagots,
Car le drôle est bien fin et les hommes bien sots.
     Cependant l'œuvre est incomplète,
     Car j'y puis critiquer un point
Qui pourrait quelque jour causer notre défaite.
Entre les deux pignons, à gauche, dans le coin,
     Ouvrez une large gouttière
     D'où couleront les grandes eaux.
La voûte sous leur poids croulerait tout entière,
Un instant détruirait les fruits de vos travaux. »
Ce qu'ayant entendu, Satan avec sa bande
     S'en retournent au cabaret ;
     Ils s'enivrent de vin clairet.
     Ce qu'il s'en but, je le demande ?
     Toujours est-il que ce soir-là
     On croyait revoir le déluge,
     Maint troupeau, dit-on, s'en alla
     Au fond des puits chercher refuge.

Pourtant la voûte tenait bon ;
L'eau s'échappait par l'ouverture
Et n'inondait que le vallon.
Satan dans cette conjoncture
Se précipite sur les toits,
Fait de son corps une barrière
A l'eau qui recule en arrière
Roule, bondit, et sous son poids
Fait gémir toute la charpente ;
Et cependant la pluie augmente.
Mais saint Leux, qui s'était caché,
Saisit le père du péché,
L'abat, et sous un bloc énorme
Le fixe au mur à tout jamais
En gargouille d'horrible forme.
On dit que frère Saint-Gelais,
Armé d'un pieux long de six aunes,
S'en est servi comme d'un pal ;
Ce frère, maître des aumônes,
Devait être un original.

MA DESCENTE AUX ENFERS.

Amis, je n'ai plus d'ennemis,
  Je les ai tous donnés au diable.
N'est-ce pas que le tour est vraiment impayable?
  Ils sont fort bien où Satan les a mis.
Je vais donc, grâce aux dieux, vivre en paix à ma guise.
    Mais si quelqu'un me scandalise,
    Je vous jure par Lucifer
Que ce quelqu'un sera revenu de l'enfer.
    Ceci dit, je vais vous surprendre.
    Satan ce soir m'est apparu.
Après qu'à m'aborder il voulut condescendre :
« Grâce à toi, me dit-il, mon pouvoir s'est accru.
J'ai de nouveaux sujets d'espèces fort étranges ;
    L'un d'eux surtout, homme au front sec,
    Portant bonnet avec des franges.
    — Qui donc est-il? Je le crois Grec.
   — N'importe, dis-je, ô grandeur ténébreuse.
    Traitez-les bien ; vous en serez content,
Ils vous feront honneur. Jamais troupe haineuse
    Ici-bas n'en a fait autant
    Que ces messieurs. — Oh! sois tranquille
   Les bien traiter m'est très-facile.
J'ai reçu depuis peu quelques cents de fagots,
Je les y veux rôtir. — Grand roi, ma gratitude...
— J'ai promis ; je tiendrai, sois sans inquiétude.
    Mais laissons là ces vains propos.

Veux-tu visiter mon empire?
Beaucoup l'ont voulu voir et ne l'ont jamais vu.
Peut-être y viendra-t-il quelque cas imprévu
    Qui nous fera mourir de rire.
    — C'est trop d'honneur, dis-je, ô grand roi;
Je vous suivrai partout. » Il souffla ma lumière.
Je vis la terre alors s'effacer devant moi,
Comme l'ombre au matin fuit loin de ma paupière
Quand le premier rayon vient frapper à mon seuil,
    Et m'avertit que dans la plaine
Ma cavale aux pieds noirs bondit comme un chevreuil.
    Nous venions de partir à peine
    Que déjà nous nous abattions
    Sur le sommet d'une colline,
    Où, de l'endroit où nous étions,
L'œil embrassait d'un coup une plaine voisine
    Qui s'étendait si loin, si loin,
Que pour la traverser il faudrait dix années.
    J'observais d'abord dans un coin
    Trente nations mutinées
    Contre des tyrans inhumains.
    Les pauvres couvraient les chemins.
Les riches insolents leur jetaient des injures.
Des esclaves sans nombre erraient de tous côtés.
L'intérêt se gorgeait de sang et d'impostures,
Et l'erreur égarait les gens épouvantés.
    Je vis aussi de petits prêtres
    Exalter des dieux différents
    Des princes et leurs adhérents,
Dévastaient les sillons que gardaient leurs ancêtres

Satan, surpris de ma pâleur,
Me fit boire d'un vin qui chassa de mon cœur
      Tout sentiment pusillanime,
A mesure qu'aux yeux il dévoilait l'abîme.
« Car, disait-il, ces lieux sont tous pleins de forfaits.
      Juges-en plutôt par toi-même,
Regarde un peu plus loin. » En effet, je voyais
Un jeune fils de roi, portant un diadème,
      Commander cent mille soldats.
La ville était en feu, les corps jonchaient la terre,
Dans le sang qui fumait il imprimait ses pas.
« Qu'est ceci? m'écriai-je. — Eh! parbleu, c'est la guerre.
Le père de ce prince est un roi plein d'orgueil,
Il convertit ces champs en un vaste cercueil.
Vois-le dans son palais, il s'enivre de larmes,
Il croit être plus grand par le bruit de ses armes,
      Et ce n'est qu'un crime de plus.
Je l'enverrai demain bouillir dans mes chaudières.
Mais regarde plus bas. » Plus bas, sur les frontières,
      Je vis des peuples éperdus
Que chassaient sans pitié des milices barbares :
Les pieds de leurs coursiers écrasaient des enfants,
      Et ces assassins triomphants,
Étouffaient leurs sanglots du bruit de leurs fanfares
Aussitôt, malgré moi, je détournai les yeux,
      Partout aussi loin que ma vue
Pouvait porter, je vis des objets odieux.
      Les crimes couvraient l'étendue.
« Veux-tu voir, dit Satan, les meurtres du passé?
— Oui, dis-je. » Il enleva le dessus de la terre

Qu'il tint sous mes yeux renversé.

Dieux justes! ce n'était qu'un immense ossuaire,

Mêlé de chars rompus, de glaives et de dards.

    « Voilà ce qu'a produit la gloire

Des conquérants, dit-il; à peine on voudrait croire

    Que des humains plus des trois quarts

Ont péri par le fer, les pestes, la famine.

— Mais de tant de forfaits, quelle fut l'origine?

    Demandai-je. — L'ambition,

La soif de commander et le désir avide

De jouir d'un bonheur qui n est que fiction.

    Vois-tu cet homme au front livide?

    Il a consacré tous ses jours

A fonder son pouvoir au-dessus de ses frères.

Il y croyait trouver la fin de ses chimères;

    Elles avaient crû dans leur cours.

    Les âmes sont des Danaïdes,

    Leurs passions des tonneaux vides,

Qu'on ne saurait remplir, car ils n'ont pas de fond.

A-t-on jamais, dis-moi, satisfait un avare?

Jamais l'aspect du sang troubla-t-il un barbare?

Fut-il un seul tyran à dévaster moins prompt?

Non, car l'esprit du mal est un vin qui dévore,

    Enivre et rend plus altéré;

    Quiconque a bu veut boire encore.

Malheur donc à celui qui s'en est enivré.

Le destin a remis dans ma main redoutable

    Le soin de venger la vertu.

Et semblable au rocher que les flots ont battu

Sans pouvoir l'ébranler, je suis impitoyable;

Mon cœur est fait de diamant.
Je ne suis point le mal, je suis le châtiment. »
Ainsi parlait Satan, quand une autre puissance,
 Vint l'avertir qu'en son absence
 Deux derviches étaient venus.
 Tous deux demandaient audience.
 Leurs crimes étaient inconnus.
 Sa Majesté prit sa lunette,
 Qu'il promena sur l'horizon,
 Sourit un peu, non sans raison,
 Car ce n'était là que sornette,
 Comme après bientôt je l'appris.
 Alors le chef des noirs esprits :
« Veux-tu me suivre, ami? me dit-il. Je présume,
A leur aspect un cas plus gai que de coutume,
Tu pourras quelque jour le mettre en tes écrits. »
 Je consentis sans plus d'emphase.
 Nous voilà donc courant l'espace
 Jusqu'où le palais s'étendait.
 On nous ouvrit la grande salle.
 Dame Proserpine attendait
 Son époux en robe royale,
 Assise dans un grand fauteuil,
 Et se drapant d'un noir linceul.
 Elle m'offrit une main douce,
Qu'aussitôt j'embrassai, comme vous doutez bien.
 Politesse ne nuit en rien.
 Enfin, Satan s'assied et tousse,
 Et commande qu'on fasse entrer
 Nos pèlerins pour les entendre.

Ils étaient gens à voix très-tendre,
Mais dont le cœur pouvait errer.
Le premier fit la révérence
Et puis parla. Voici l'essence
Du long discours qu'il débita :
« Le ciel contre nous s'irrita,
Grand roi, pour n'avoir pu connaître
La vérité qu'on voit paraître
Dans le très-révéré Coran que Mahomet
   A ses saints serviteurs transmet,
   Bien que nous l'ayons lu sans cesse.
   Mais, soit sottise, soit faiblesse,
Soit encor que le ciel ait aveuglé nos cœurs
   Nous avons, pendant trente années,
   Épuisé nos deux destinées
   A prêcher des dogmes menteurs.
   Je soutenais que le Prophète
   N'était point né quand il reçut
   Des saints archanges sa layette,
   Mais quand sa mère le conçut.
Mon compagnon voulait que ce fût quand sa mère
Le sentit remuer dans son sein (1). Ma colère
   Contre lui fut grande et bientôt
   Nos deux partis prirent les armes.
Les cieux m'en sont témoins, j'en ai versé des larmes,
Je fus fait prisonnier, puis pendu court et haut.
   Mon compagnon, à la même heure,
   Quittait la terrestre demeure,

(1) Cette dispute eut lieu à Y.... Les sectateurs se séparèrent et
le sont encore aujourd'hui.

Haché menu par mes soldats.
Nous reconnûmes par la route
Qu'après la mort foulaient nos pas
Que nous étions perdus, quoique là-haut, sans doute,
Nos gens nous proclament des saints.
Du ciel qui connaît les desseins?
Il n'appartient qu'à toi de payer nos salaires :
Nous ne demandons rien, ni pitié, ni merci,
Mais garde-toi surtout de nous traiter ainsi
Que tu fais des mânes vulgaires. »
A ces mots Satanas se leva furieux,
De ses doigts découlaient de longs torrents d'écume
Qui montaient bouillonnant en cercles autour d'eux,
Exhalant une odeur de soufre et de bitume ;
Les voûtes s'ébranlaient aux longs ricanements
Que jetaient près de nous les bandes infernales,
Et j'entendis chanter d'infâmes bacchanales
Comme en ont inspiré de longs enivrements.
« Le ciel ne punit point un esprit qui s'égare,
Car qui peut expliquer le ciel?
S'écria Satanas ; mais le cœur plein de fiel
Qui, voulant dominer, crée un dogme bizarre
Et trouble la paix de ses frères,
Il le livre à d'affreux tourments.
Ainsi vous avez fait, mes pères.
Vous en serez punis. Holà ! prenez ces gens,
Qu'ils soient traités en fous, mais en fous malfaisants. »
Satan jamais deux fois n'ordonne ;
Ils s'en allèrent tout honteux
Vers des lieux très malsains où chacun déraisonne :

Qu'ils soient les plus hantés, le fait n'est pas douteux.
« La vanité naquit un jour de la sottise,
Me dit un jour Sa Majesté ; tu les verras partout
Sous un même bonnet vendre leur marchandise
Que vous semblez là-haut trouver d'assez bon goût.
Puisses-tu ne jamais écouter leurs maximes. »
Je le remerciai par quelque compliment.

    Ayant salué galamment
Madame, je quittai leurs éminentissimes.

    Je ne doutai point qu'il fût jour.

    Quand je passai près de la porte

    Je vis mon Grec qui, sous escorte,
S'en allait chez les sots divaguer à son tour.

ONDINE.

Vous me demandez, jeunes filles,
Pourquoi toujours dans les coquilles
On entend la mer qui gémit,
Voici ce qu'en dit Théocrite :
Un jour qu'une sœur d'Amphitrite
Au pied d'un rocher s'endormit,
Un sylphe, habitant ce rivage,
La vit en passant près des flots,
S'inclina vers son beau visage
Et lui murmura de doux mots,
Que, mêlés aux bruits de la grève,
Elle entendit dans un doux rêve
Qui souleva son sein charmant.
Sylphe lui prit son coquillage,
Et disparut dans le feuillage.
Il souriait, le garnement !
Quand s'éveilla l'infortunée,
Elle versa des pleurs amers ;
L'un d'eux, roulant au fond des mers,
Devint la perle satinée.
La nymphe mourut. L'Océan
Depuis a vu bondir ses lames
Qui se tordent dans l'ouragan ;
On croit alors ouïr des femmes
Étouffer d'horribles sanglots.
C'est que les nymphes, dans les flots,
Pleurent toujours la jeune fille.
Et chaque nymphe a sa coquille.

LE CHOCOLAT ENTRE DEUX EAUX.

Écoutez bien le conte que voici,
Il me fit rire à me tenir les côtes;
Jean mon voisin le contait à ses hôtes
Qui, je vous jure, en rirent bien aussi.
Il nous disait : « Je connais une vieille
Dont malgré moi je tairai tous les noms,
Qui pour chasser les vapeurs de la veille,
Chaque matin, à l'heure où nous dînons,
Se lève et boit un verre d'eau limpide
A petits coups, comme il convient aux gens
Bien élevés et d'humeur insipide.
Puis Margothon, par ses soins diligents,
Apprête et sert dans une jatte énorme
Un chocolat bien épais, bien sucré,
Sur un grand plat dès le soir préparé
En tout semblable au reste par la forme.
Madame, alors, d'un air très-solennel,
Boit en humant, dit qu'il n'est rien de tel
Pour la santé, le goût exquis. En somme,
Mon médecin était fort honnête homme
Quand il m'apprit un jour très-galamment
Tout le secret de mon tempérament.
— Prenez d'abord, me dit-il, un grand verre
D'eau fraîche, puis du chocolat bien chaud;
Et pour que vous puissiez le passer comme il faut,
Prenez encore un grand coup d'eau, ma chère.
Je fais ainsi depuis tantôt dix ans;

Point important que jamais je n'oublie :
Ne faut-il pas prendre soin de sa vie ?
Nul sans faillir n'a marché bien longtemps.
Or, il advint qu'un matin la femelle
Apprit certain méfait d'un gredin de neveu,
Ce qui bien fort lui troubla la cervelle,
Qui déjà commençait à s'affaiblir un peu.
Elle oublia... je frémis quand j'y pense,
Son verre d'eau, madame, avant son chocolat.
Il fallut donc que bien vite on allât
Du médecin fameux implorer l'assistance.
Il vivait loin , elle souffrait beaucoup,
Ou du moins le croyait. On s'agite, on s'assemble ;
Qui pourrait de ce jour peindre l'égarement ?
Jusqu'au moindre valet pleure, pâlit ou tremble :
Madame n'avait point écrit son testament.
Que fera-t-on ? En vain on délibère ;
Mais, ô bonheur ! la dame tout à coup
S'écrie : Enfin, j'ai trouvé mon affaire.
Nous le pourrons placer entre deux eaux.
A m'obéir que bien vite on s'empresse.
Elle sortit en prononçant ces mots,
Et les valets suivirent leur maîtresse.
Dirai-je ce qu'alors on fit ?
Tout étant préparé, les hommes s'éloignèrent ;
En longs tabliers blancs les femmes approchèrent,
Et femina excitata clysterem petit.

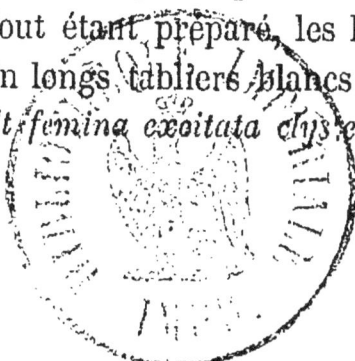

NORWICH.

FIN

TABLE.

PARIS. — IMP. CENTRALE DE NAPOLÉON CHAIX ET Cⁱᵉ, RUE BERGÈRE, 20. — 7914

www.ingramcontent.com/pod-product-compliance
Lightning Source LLC
Chambersburg PA
CBHW072017080426
42733CB00010B/1732